# 시작이 반이다, 다시 시작이다

필(筆) 동인 제19집

# 시작이 반이다, 다시 시작이다

필(筆) 동인 제19집

순 수

◆ 머리말

## 필동인회 제19집 『시작이 반이다, 다시 시작이다』에 부쳐

朴 永 河
月刊순수문학 주간
사)한국문인협회 시분과 회장

필동인회가 어언 19집을 출간하게 되었습니다.

시간이 참 빨리도 가는 것 같습니다. 순수문학을 93년에 창간하고 등단한 분들을 엮어 94년 최초로 갈대시 동인을 발촉하고 해마다 시 동인회를 만들어 활발하게 활동을 하면서 징검다리, 흙, 갈채, 산시, 솔잎 외 수십 개의 시 동인회를 출발시키며 매년 동인지를 출간하는 등 활발한 시 동인회를 가졌습니다.

매월 첫째 토요일마다 충무로 카페에서 시낭송회를 30여 명씩 참석하는 등 몇달에 한 번씩은 고아원과 지체장애자를 방문하며 그들을 위로하는 등 수많은 일들을 하면서 30여 년 月刊순수문학이 통권 372권이라는 월간문학지를 발간하였습니다.

그간 무수한 원로 문인들의 참여로 순수문학의 인기는 절정이었습니다.

조병화, 박태진, 장호, 추은희, 신동한, 구인환, 윤병로, 구경서, 권일송, 박재삼, 공덕용, 조경희, 김병권,

박경석, 엄창섭, 진동규 외 여러분들의 도움을 잊을 수 없습니다. 그리고 그립습니다.

일일이 성명을 나열할 수 없지만 순수문학의 큰 공헌을 남긴 분들이 있었기에 발행할 수 있었습니다.

순수문학의 연혁이 갈수록 출신 문인들은 중견이 되어 우리나라를 비롯하여 전세계에서 활발하게 활동을 하며 중추적인 역할을 하고 있습니다. 후에 필동인회는 순수문학을 대표하는 시인들로 주축이 되고 순수문학상과 영랑문학상을 수상한 모든 분들도 함께하는 순수문학의 대표 시인들의 모임이 되었습니다.

올해로 순수문학상이 32회, 영랑문학상이 29회를 맞습니다.

사)한국문인협회의 시부분과회장으로 2023년 당선되어 최선을 다해 2023년 사)한국문협 시분과 사화집 『집』, 2024년 사화집 『詩의 四季』를 무리없이 출간하는 등, 문학기행, 어르신 모시기를 두루 하면서 구천여 명 시분과의 수장으로 최선을 다해 일하고 있습니다.

2024년 사화집은 육백여 분의 시분과 회원들이 참여해 5개월여를 이 일에만 매달려 한시도 눈을 뗀 적이 없었습니다.

힘든 시간이었지만 보람스러운 시간이었습니다.

가을바람이 차갑습니다. 필동인 여러분들 건강건필하시길 바라며 감기 조심하시기 바랍니다.

# 시작이 반이다,
# 다시 시작이다
**필(筆) 동인 제19집**

머리말/朴永河 · 4

| | | |
|---|---|---|
| 고장호 | 어머니 외 4편/ 9 |
| 고종호 | 청산 마트 외 4편/ 15 |
| 김경희 | 황둔마을에서 외 4편/ 21 |
| 김남성 | 시인의 꽃병 외 4편/ 27 |
| 김명돌 | 홀로 가는 길 외 4편/ 33 |
| 김봉렬 | 수선화 봄꽃 외 4편/ 39 |
| 김선진 | 네잎클로버 외 4편/ 45 |
| 김영희 | FOCUS on JESUS 외 2편/ 51 |
| 김윤준 | 사랑하는 누이를 떠나보내며 외 4편/ 59 |
| 김태범 | 만추(晚秋) 외 4편/ 65 |
| 김혜원 | 감꽃 외 4편/ 71 |
| 남종구 | 꽃의 연정戀情 외 4편/ 77 |
| 문순심 | 경고 외 4편/ 83 |
| 박복의 | 거울 외 4편/ 89 |
| 박완순 | 연꽃 외 4편/ 95 |
| 박종권 | 새벽 십자가 외 4편/ 101 |
| 박종흡 | 바람 부는 날에 외 4편/ 107 |
| 박철언 | 수국 외 4편/ 113 |

| | | |
|---|---|---|
| 박희정 | 감사 | 외 4편/ 121 |
| 백점숙 | 5월이 오면 | 외 3편/ 127 |
| 소명환 | 아버지의 사랑 | 외 4편/ 133 |
| 소융일 | 새 생명은 그렇게 세상을 연다 | 외 4편/ 139 |
| 송낙현 | 서울 남산에 올라 | 외 4편/ 145 |
| 엄태정 | 그늘, "그 과분한 있음" | 외 4편/ 151 |
| 오대환 | 메꽃 사랑 | 외 4편/ 161 |
| 오정선 | 호우주의보 | 외 4편/ 167 |
| 오종민 | 여명 | 외 4편/ 171 |
| 유장희 | 과줄 | 외 4편/ 177 |
| 윤수자 | 꿈을 실은 얼레 실타래 | 외 4편/ 187 |
| 윤호영 | 마음달 | 외 4편/ 193 |
| 이상은 | 하지(夏至)날에 | 외 4편/ 201 |
| 이준재 | 가을 오는 소리 | 외 4편/ 207 |
| 이행자 | 푸른 이별 | 외 2편/ 213 |
| 이현채 | 관심의 경제학 | 외 4편/ 217 |
| 장성숙 | 비룡폭포 | 외 3편/ 223 |
| 정도병 | 노인성 | 외 4편/ 229 |

| | | |
|---|---|---|
| 조대연 | 들풀로의 화원 | 외 4편/ 235 |
| 조승관 | 이 세상과 저세상의 차이 | 외 4편/ 243 |
| 조영철 | 목련 | 외 4편/ 249 |
| 조풍연 | 참매미 | 외 4편/ 255 |
| 주광일 | 8월의 시 | 외 4편/ 263 |
| 채자경 | 커튼 콜 | 외 4편/ 269 |
| 최예찬 | 두메 산골 | 외 4편/ 275 |
| 최외득 | 쪽파를 뽑으면서 | 외 4편/ 281 |
| 추정희 | 빗속에 잠든 노래 | 외 4편/ 287 |
| 하재룡 | 남원 장날 | 외 4편/ 293 |
| 한민서 | 장갑 파는 아줌마 | 외 4편/ 299 |
| 한현삼 | 춘설(春雪) | 외 4편/ 305 |
| 홍경자 | 갤러리를 순회하는 마음 | 외 4편/ 311 |
| 홍영숙 | 폭우와 천둥 | 외 4편/ 317 |

# 고 장 호

| 어머니
| 아내
| 여름 향기
| 그릇
| 待淸友

부산 출신
육군사관학교 사회과학과 졸업
고려대학교 체육사회학 석사
Texas A&M Univ. 스포츠심리학 박사
육군사관학교 체육학처 교수 재직
2019년 순수문학 등단

# 어머니

이제는 매사 위태로운 걸음
툭하면 넘어지고 구르고
그리고
자식들에게 못할 짓 했다
자책으로 더 아픈 노인

막걸리 한잔에  옛 이야기
아득한 시선 안쪽으로 고이는
고왔던 시절 아쉬운 사랑
이제는 속말 다 푼다 해도
번번이 안타까운
살아낸 인생

자식 잘못은 가슴으로 덮고
(누가 내 새끼 허물하느냐)
불효한 건 세월 탓이요
자식 자랑은 온몸으로 펼쳐
(어디 내 새끼 만한 놈 있느냐)
불민한 건 세상 탓이라

오롯이 다 내어 주지 않고
사람 구실 하게 만드는 어미 있더냐
어느덧 뒤꼍으로 나앉았어도
그대로 구름 되고 하늘 되어도
그 품속 그 향기 그대로인 걸

# 아내

아내와 어긋날 땐 어린 마음이 되어
맞장구를 쳐 주지 않은 데에 심술이 난다
말로 다하지 않아도 표정이나 행동으로
나 권위 좀 세워 줘 한다
결국 따라갈 거면서 까탈과 윽박으로 버틴다

스스로는 조금씩 옹고집이 되어도
아내는 좀더 조신하고 현명하기를 바란다
더 이해해 주고 믿어 주고 웃어 주기를
누구보다 어진 여인이기를 기대한다
무슨 배짱인지

그래도
손잡고 거닐며 지나오고 지나갈 일
서로 새기며 맞춰 가거나
맛있는 음식 차려놓고
감탄과 정담을 나누거나
맵시 있게 사람들 미소로 맞이하는 모습
바라보며 속으로 흐뭇해할 때는
나도 한껏 넓은 가슴이 된다

지식이 느낌보다 못할 때 아내에게 묻는다
제대로 된 기억인지 올바른 감정인지
늘 채워지는 대답
쓸데없는 기대와 망상은 연기처럼 사라지고

제정신으로 세월에 거칠어진 손을 잡는다
이 사람이 없으면 어떡하나

세상에  하나뿐인 아내라는 이름의 친구

## 여름 향기

큰바람 지난 자리
하늘은 새삼 푸르고
산죽 햇살을 잘게 쪼개 들인다

습기 진한 이끼 향기 풀 향기
바람결에 실려 오는 먼 곳 숲 향기
이렇듯 청량한 기운이었구나

지천으로 작은 내 풀어 낸 골물
측방혈관까지 푸르게 빛나는 청춘의 혈맥
거침없이 포효하며 기운과 향기에 동참한다

굳이 땀흘려 오르는 길
연신 감탄하여 미소짓게 만드는
지긋한 아내에게서도 여름 향기가 난다

## 그릇

좀 값나가서 멀리하다
이번에 들인 질박한 그릇들
들여다보고 있으면 제출물로 빛난다

첫눈에 띄지 않던 빛깔은
화사한 뭇 진열을 물리치며
내 너그럽지 못한 소견을 무색하게 한다

머그잔은 손은 물론 입에까지 맞춤하고
접시는 뭘 담아도 예쁘고
밥그릇 국그릇은 호사에 다름 아니다

싸게 팔아도 몇 번을 들러시야 짝을 맞춰낸
수십 년 주부의 조심스런 마음이

이 봄날
꽃보다 향기롭게
그릇마다 가득 담긴다


## 待淸友

양지에 드는 해가 잔설을 스치는데
친구는 변치 않는 매향을 노래하네

아뿔싸 넋 추스르니 세월이 저만치네

산구비 돌아오는 아련한 봄의 향기
묵은 해 걷어내는 친구여 잘 계신가
남자도 그리워지니 만날 때가 되었나

박주에 나물 안주 그 또한 어떠하리
춤추고 노래하면 구름도 머물 텐데
청춘이 아쉬울쏜가 이어가는 마당에

# 고 종 호

청산 마트

푸른 바람

덥다 더워

탐함

다섯 어매들

동두천 출생. 건국대학교 국어국문학과, 대진대학교 국어 교육학과 대학원 졸업.
월간 순수문학으로 등단. 2020년 순수문학 신인상 수상, 2022년 순수문학 우수상 수상, 필 동인, 월간순수문학 이사, 교사로 정년퇴임 홍조근정훈장 수상, 연천 청산에서 농부로 생활함.

## 청산 마트

빠르게 흘러간 세월
탓하여 무엇하리

내 얼굴 검버섯 드문드문 피어난 것을
탓하여 무엇하리

육십 넘어 먹고
퇴임하고 차린 시골 마트엔

봄부터
이것저것 가리지 않고 갖추어 놓으니

계절에 맞춘 듯이
상추, 고추, 토마토, 가지, 참외, 감자, 파 등등

수확하여
나보다 조금 더 나이 든 누나들에게 보내니

날 업어 키운
큰 누난 청산 마트에서 배달왔다며 좋아하네.

## 푸른 바람

 들판을 걷다 보니 한 줄기 바람 불어오니
 들판 벼는 바람에 푸른 파문(波紋)으로 답하고
 푸른 바람에 놀라 먹이 찾던 백로가 창공으로 솟아오르고
 푸른 바람은 백로도, 출렁이는 벼도, 사람도 황금들판을 기다리게 하네.

## 덥다 더워

 매일 매일 뉴스에선
 오늘 몇 도까지 올라갔고 어느 곳이 가장 더웠다는 둥 소란 떨고

 기후가 이렇게도 펄펄 끓는 것은
 무분별하게 자원을 펑펑 쓰고서는 온난화, 이산화탄소니 하며 호들갑 떠네

 편한 것만 쫓아 살아가는 사람들은
 망가진 지구는 생각하지 않고 더욱 편하게만 살려 하네

 앞으로 지구가 얼마나 더 망가져야 사람들이 정신 차릴지

기후위기는 불편한 것을 참지 못한 사람들이 편한 것만 찾은 탓인걸.

## 탐함

감자 삶아 놓은 듯 푹푹 찌는 여름날
붉은 해를 피해 새벽녘 고추를 따는 것은
무지개 같은 곱디고운 가을 색깔을 탐하기 때문이다.

## 다섯 어매들

새벽 어스름이 내린 안흥리 어매들은
올망졸망한 새끼들을 뒤로하고
광주리를 이고 마을 어귀에서 만나 허우적거리며 들판을 걷고
좁은 골목길을 걸어 도매상에서 뭉그러진 과일로 허기를 달랜다

광주리엔 사과, 배, 귤 수북이 쌓고는
광주리 무게가 머리를 짓누르는 것을 참으며
앞서거니 뒤서거니 골목길로 총총 내달린다

맨 앞은 얼굴이 검붉은 상복 어매
상복 어매 뒤엔 가냘픈 미옥 어매

미옥 어매 뒤엔 마음이 여린 영희 어매
영희 어매 뒤엔 경상도 사투리가 서글서글한 석순 어매
석순 어매 뒤엔 키가 제일 커 늘 맨 뒤에서 걷던 울 어매

어매들 고단한 장사 마치곤 우리 집 마루에 모여 앉아
고단한 하루 수다 떨며, 한숨 쉬며, 웃음 짓던 다섯 어매들은
이젠 하늘의 별이 되고 구름 되고 바람 되어
어매 자식들 품속으로 스며들어와선 그리움만 남기고 사라져 가지만
어매 자식들은 늘 먹먹함으로 살아간다.

# 김 경 희

| 황둔마을에서
| 국수마을
| 순두부찌개를 먹으며
| 메밀 우동 한 그릇
| 어부바나무

충청남도 천안 출생
단국대학교 국어국문학과 졸업
2021년 『純粹文學』 시 부문으로 등단
한국문인협회원(시분과)

## 황둔마을에서

겨울, 황둔은
황량한 마을

그 마을
깊은 곳에서
빵이 익어갔다

첫끼 없이 온 여행길
허기진 마음에 시켜놓은
옥수수, 단호박, 쌀찐빵들

빵은 솥에서 온기를 더해가고
당신과 나의 이야기는
앙금처럼 달아지고

당신, 언젠가
겨울 황둔처럼 마음 허기질 때
나 부르리라!
따뜻한 빵이 익어가던 황둔마을로

## 국수마을

허름한 간판,

여덟 개 남짓 탁자
추억 한 그릇을 기다리는 사람들

벽에 걸린,
뒷모습이 허전한 사람들과
국수가 먹고싶다는
어느 시인의 시 한편

콩국수 한 그릇
속타는 마음 식히고
잔치국수 한 그릇
눈물을 삼키고

비좁고 낡은 집에
저마다의 사연 털어놓고 가는
그 집, 고향마을

## 순두부찌개를 먹으며

쉬 식지 않는 순두부를 숟가락에 올려놓고 후 불었다
국물처럼 가벼이 떠올려지지 않는 얘기들을
아버지는 어떻게 건져 올릴까

은행 옥상에 파라솔을 설치하는 중이라고 했다
일은 바쁘고 비 오는 퇴근길 차는 막히고

그래 그렇게 근처 병원 구내식당에
6년 만의 식탁을 차렸다
아버지가 기도하는 모습을 보았다

숟가락으로 국물을 휘저으면서
어색한 대화를 이어가면서
따뜻하고 물컹한
순두부를 입에 넣었다

뜨겁고 매운 일상 속에서도
들여다보면 맛좋은 조갯살도 있는데
식지 않는 정이 있는데
왜 한 번 쉽지 않았을까

반숙 달걀처럼 찌개 속에 풀어놓지 못한 얘기들을
끝내 다 건져내지 못한 국물을
나는 집으로 가는 버스에
아버지는 양주로 가는 빗길 속에
털어놓았다

## 메밀 우동 한 그릇

너를 보내고 온 날
오목골에서 시킨
메밀 우동 한 그릇

우동 한 가닥
건져 올릴 때마다
너의 짧은 삶처럼
뚝뚝

잡히지 않는 우동 가락
너와 나와의 사귐도
건져지지 않고

뼈까지 전이된 암세포로
넌 허리도 세우지 못할 때
가벼운 휴대전화 메시지
허공을 채우는데

너의 두 눈 침침해질 때
이 눈에 무엇을 그리
채우고 싶었는가!

건져 올릴 때마다
끊어지는 허연 가락만이
나를 채우고 있었음을


## 어부바나무

할부지 심어준 어부바나무

흙탕물 흠뻑 발뭉탱이
엄마한테 혼났던 설움도
나무가 어부바!

따스한 햇살 어부바나무
할부지가 입에 넣어주는
사과 한 조각이면
행복 한가득

할부지 보이지 않아
새끼발톱 초승달까지
오르고 오르던
너의 그리움

너의 사소한 설움과
사과 한알의 행복과
달 같은 그리움 지키는
어부바나무가 될게!

# 김 남 성

| 시인의 꽃병
| 오한
| 매화
| 소낙비 내리는 밤
| 민둥산에 올라

월간 순수문학 시 부문 등단
순수문학 회원
성북문창 회원
월천문학 동인 히원
동인지 간이역 〈제13,14 집〉

## 시인의 꽃병

비어있는 꽃병에
먹구름 눈물 반쯤 채우고
하얀 이팝꽃 한 이름 꺾어 화병에 꽂아
책상에 올려놓고 글 쓰며
반겨줄 사람 기다린다

꽃잎 중에 가장 앙증맞은 것이
한데 어울려
화려하고 탐스러워 감탄한다

기다리는 사람 오지 않고
눈먼 풍뎅이 한 마리 꽃송이에 쌓여와
사랑의 날갯짓 유혹하며 자장가 부른다

작가는 스르르 잠이 들어
꿈속에서 펜을 들어 글을 쓰려다
꽃병이 넘어져 호수가 되어
써 놓은 글 백지로 변했다

화가 난 작가 꼬깃꼬깃
휴지통에 던졌다

# 오한

첫눈 내리던 날
사랑했던 너를
납골당에 입주 시켜 놓고
돌아서는 걸음마다 고인 눈물
한 맺힌 깊은 사연

세월이 지나면
잊혀 지려 했는데
어느 날 문득 그리움에 쌓인 정 때문
못 잊어 차마 못 잊어

모진 이별 앞에
사레가
나의 목덜미를 낚아챘다

후끈 달아오른 겨울 아스팔트 길
흐르는 땀 열기 식히며 걷는데
몸은 사시나무 떨듯
오한에 갇혀 흔들리고 있다

## 매화

초봄 해 질 무렵
하얀 눈 살얼음판
밟으며 산책하는데

옹이가 많은 가지를 잡고
매화 새싹 새의 부리처럼
입 벌리고 실눈 떴다

머리에 하얀 모자
훈풍 불어와 속살 녹여 주면
연분홍꽃 조랑조랑 피워놓고
꽃 중의 꽃 일등 화격 폼 낸다

추운겨울 이겨내고
봄 소식 전하니
순결 은은한 너의자태
내 입술 향기롭다

## 소낙비 내리는 밤

후덥지근한 여름 밤
하늘에 회색 이불 깔아 놓고
단잠 청하려는데

바람이 다가와
먹구름 밀어내며 천둥을 깨우니
우당탕 콰르르 소리 내며
소낙비 마구 쏟아 붓는다

하늘이 노하니
심장이 떨리고
새들은 놀라서 날아가고
파르르 떨던 나뭇가지 축 늘어진다

유리창 너머 한줄기 번갯불이
공포의 빛을 토하며
겁에 질린 소녀의 얼굴 훔쳐보고 간다
빗소리는 더 요란하게 들리고
무더운 훈기는 서서히 지나가지만
소녀는 이불을 당겨
얼굴을 묻는다


## 민둥산에 올라

내 마음 울적할 때 자주 찾아가는 곳
바람이 곱게 다듬어 놓은
민둥산에 올라 풀잎 물결 일렁이는
초원에 누워

파란 하늘 바라보며 목화 솜구름
소녀의 꿈 실고 조각배 띄워
바람이 부는대로
정처없이 어디로 가는걸까

잠시나마 내 그리움 외로움
싣고 가려무나 숨 한번 내쉬고
눈감으니 쉼터가 되어준
민둥산

지금은 빌딩 숲으로 변해
아련한 추억 속에 머무는
민둥산의 꿈

# 김 명 돌

| 홀로 가는 길
| 밀애
| 나그네
| 가을비
| 아아, 백두대간

경북 안동 출생
경영학박사 목회학석사
광교세무법인 대표세무사
월간순수문학 시·수필 등단
도보여행 작가
저서 〈산티아고 가는 길〉외 다수

## 홀로 가는 길

멀리 가려면 함께 가라 하지만
나는 홀로 걸어간다
어디에도 매이거나 물들지 않고
자유롭고 순수하고 흔들리지 않음이
진정한 나 홀로 걷기여행
자신의 그림자만을 데리고 훨훨 가는
그것은 홀로의 멋이고 맛이고 여유

홀로 가는 길
가고 싶은 데로 가고
자고 싶은 데서 자며
울지도 말고 허탈해지지도 말며
눈을 열고
눈으로 보는 마음을 열고
마음으로 느끼는 영혼의 소리를 들으면서
오늘도 운수야인이 되어
홀로 홀가분하게 길을 걸어간다.

## 밀애

바스락 바스락
홀로 걷는 산길

자연이 말을 걸어온다
"반가워. 어서 와!"
"힘 내!"
"괜찮아!"
"너는 할 수 있어!"
"너는 멋있어!"
"너를 사랑해!"

내 안의 자연이 말한다
"Me TOO!"

자연과 나
나와 자연이 하나가 되어

밀애를 속삭인다
홀로 걷는 산길에서

## 나그네

고요한 외줄기 들길 위로
외로운 나그네가 흘러가고
차가운 한 줄기 바람에 날려
한 조각 구름이 흘러간다

꽃이 지는 가을은 울고 싶어라

꽃이 지기로서니 바람을 탓하랴
귀촉도 울음 뒤에 먼 산이 다가서고
종소리에 놀라 낙엽이 떨어진다

물 위에 바람이 흐르듯
흰 구름 가슴에 흘러가고
붉게 물든 저녁노을 곱게 타니
다정도 병인 양 눈시울이 젖는다

아스라이 휘도는 길 서늘한 바람결에
검은 수염 날리는 서러운 나그네가
터벅터벅 터벅터벅
홀로 남도의 남파랑길을 간다.

## 가을비

좋은 비 시절을 알아
이 가을에 내리는 구나
들길 걸어가는 나그네
심사를 소리 없이 적시네

가을비 우산 속에
괴나리봇짐 짊어지고
오늘은 어디에서 묵을까
정처 없는 발걸음

문득,
처마에서 비 맞으며
눈가에 물 내리던
고향이 그리워지네.


## 아아, 백두대간

민족의 영산 지리산에서
불굴의 의지로 680km를 걸어
더 이상 갈 수 없는 진부령 고개에서
백두대간 종주를 마쳤다네.
'유세차 단기 4342년 3월 7일······'
천왕봉에서 시산제 올리고
32회 1년 4개월
피와 땀과 눈물의 3대 액체 흘리며
장엄한 일출과 황혼의 석양과 노을
둥근 보름달과 보석처럼 빛나는 새벽별
야수의 울음소리 머리카락 곤두서고
봄날의 따사로운 햇살과 꽃 향기
여름날의 태양과 비바람
아름다운 꿈속 같은 단풍길
강추위를 동반한 혹한의 눈보라를 헤치며
머나먼 국토 대동맥의 여정
고통을 즐기고 과정에 행복했네
더 이상 나아갈 수 없는 진부령에서

아아, 백두대간!
나는 드디어 백두대간을 종주했네!
잊을 수 없는 감동과 감격의 순간을 맛보았네.

# 단암 김봉렬

| 수선화 봄꽃
| 헌혈
| 안목
| 철부지
| 상사화

월간(月刊)순수문학 신인상 등단
필(筆)동인 순수문학회 회원
전국정지용백일장 입상 외 공모전 문학상
향수옥천 회원
창작과 비평 시요일 회원 / barista

## 수선화 봄꽃

호숫가 언저리 노란꽃 옷매무새
작은 입술 둥글게 오무리어 벌려
노랑나비 들러리로 첫사랑 뒤영벌
발꿈치 세우며 눈 빠지게 기다린다

야무진 작은 거인 떼떼아떼떼
오늘도 사무친 그리움에 지치고
푸릇푸릇 맵고 아린 고독을
나지막한 처마 밑에 잔물결로 앞세워

신비로운 자존심마저 손끝에 모아
시린 정적을 뚫고 울려 퍼진 저 기상
햇빛 사이 노란 병아리들 아장아장
언덕진 안갯길 소풍을 간다.

## 헌혈

밤안개 오솔길에 으슥한 한여름 밤
덜 익은 얼굴 한쪽의 야릇한 감촉!
다짜고짜 내 뺨을 후렸지만 한발 늦었다

벌겋게 부어올라 가려운 볼테기
성가신 풀모기의 습격은 순식간이다

그의 선전포고 없는 공격성과 비열함
차라리 멸종 위기종이라면 좋겠다

하늘이 내린 개체수 종족의 번식인가
조물주 큰 소명 앞에 어리석은 이바지
분한 맘 접어두고 환부에 단방약을 바른다
여전히 굼뜬 손, 밤하늘의 별들이 피식 웃는다.

## 안목

동공을 넓혀 눈을 떴다고
사리분별 바르다 생각 마라

양쪽 눈 동그랗게 뜨고 있다고
볼 것 다 보았다 말하지 마라

제대로 된 본질은
눈 감고 있어야 할 순간
깊고 푸른 바닷물 속
심연의 고요 속에 있으니

흔들리는 물결과 거품을 두고
안목이 있다거니 없다거니
무료히들 일컫는다

눈 가리고 아옹하는 세태에
그저 멍울이 맺히는 영혼
눈만 뜨면 믿었던 두 눈마저
점차 어두어져 가는 당신

## 철부지

김장철의 생강이나 고추 마늘
으깨어 갈던 확독이 터질까 봐
어머니 손때 묻은 바가지로
밤사이 고인 물을 애써 퍼냈는데

매서운 추위와 함박눈 대신
겨울비가 지척지척 내린다
돌확에 가득 고인 빗물이
궁상맞은 장대비로 넘실넘실

개미는 겨자씨 같은 고개 돌려
개미굴 문전에서 나올듯 말듯
풀숲에 잠자던 무당거미가
때를 모르고 풀떡풀떡 뛰어다닌다

한겨울의 대설과 동지 사이
철 모르고 핀 철쭉 꽃잎의 유혹
뒷다리 곱게 뻗어 꽃가루 찾는

꿀벌 한 마리 어설피 채밀을 한다.

## 상사화

춘삼월 이른 봄에 조급한 마음
쪽빛 짙푸른 잎들만 속절 없이
멀대처럼 홀로 와서 무성했는데

짧은 보살핌으로 몇 나절인가
냉담한 무관심에 유독 우매한 내가
제대로 보지도 듣지도  못했음이라

한여름엔 기필코 그대를 만나리라
불철주야 분홍입술 이를 악물고
쉼없이 달려왔을 뿐인데

그리워도 내 임이 그리워도
상사병 벗어나려 버텨 온 세월
어느 날 갑자기 연초록 꽃대 올라와

꽃봉오리 통째로 터지는 소리에
몽글몽글 스쳐가는 빛 고운 살갗
바야흐로 먼동이 희붐히 밝아 온다.

# 클로버 김선진

네잎클로버

장검 은갈치

매미의 일생

뽑혀 진 오동나무

에피소드

---

**2022년 월간 순수문학 등단**
서울 출신. 서울기독대학교 음악학사(성악) 총장명 졸업. 연세대 미교원 문예 창작시 수료. 영등포 문화원 소설반 수료. 옛정 시인회 (정회원). 창작 작곡가. 필동인 회원.

## 네잎클로버

네잎클로버, 행운의 상징
네잎클로버, 은혜의 선물

예전에 들길을 걸으며
그대와 함께 행복에 젖어
네잎클로버, 행운을 주는 풀이라며
강변에서 노래 나누었죠

우리의 사랑 이루지 못해
내 맘 채운 네잎클로버만 남았네

긴 세월 지난 후 들길을 걸으니
추억이 아련히 떠오르네

네잎클로버, 요행히 찾았네
네잎클로버, 또 다른 믿음
네잎클로버, 진실한 축복

아 영원한 희망 네잎클로버.

## 장검 은갈치

제주 바다 건너온 여름 제철 대왕 은갈치

장검 같이 생겨 갈치인가?
재래시장 갈 때마다 자꾸 시선이 간다

고금리 고물가 시대 저렴한 생선 우세지만
고가격 갈치도 필요시 사 먹는다

일본 원전수 방류 썰 소금 사재기
수산물 업종 위기가 코앞
방류 전 대왕갈치 미리 두어 마리 사 왔다

얼큰하게 지져 먹는 매콤한 맛
맛깔스러운 구이 감칠맛의 즐거움

영양 듬뿍, 성인병 예방, 고단백질
무더위 활력 충전 건강 챙겨야지

가시가 있는 예쁜 장미 시각적 행복감
가시가 있는 갈치 미각적 즐거움
입맛 살리는 두툼한 갈치살 컬컬한 진미이다.

## 매미의 일생

한여름 숲길에서 듣던 매미 소리
천적 피해 도심 나무 이동
여러 음색으로 울어댄다

장마 지나 무더위 속 시도 때도 없는
대단한 합창 정신 번쩍 든다

세상사 목청 큰 자가 앞서가듯
수컷 목청 커야 암컷 차지하다

인간의 죽음은 예측 못 하지만
매미의 왕성한 짝짓기
한순간 생의 마감 완성을 본다.

## 뽑혀 진 오동나무

꽃밭에 잎사귀 넓은 나무 자라고 있다
팔월 땡볕 호박넝쿨인 줄 알고 방치했더니
창공을 넓혀 제법 줄기도 굵다

매년 심었던 꽃, 채소 안 심은 후
잡초가 무성하니 초록을 장식한다

문제는 나무줄기가 담벼락 틈새 끼어
아깝지만 이름이나 알고 뽑기로 했다
벽이 위험하다

인터넷 찾아보니 잎사귀 크고
자라는 속도 **빠른** 오동나무다

귀한 상서로운 나무로 좋은 징조로 왔지만
어쩔 수 없이 뽑았더니 대가로 육신이 쑤신다

자리만 잘 잡았으면 중앙에 심던지
산에 가져다 심을 수 있었는데 아쉬웠다
나의 삶 속에 오동나무가 꽃밭을 장식하려 했지만
잘못 뿌리 내려 뽑혀지다

인생사도 잘못된 곳에 뿌리내리면 (언젠가는)
지울 수 없는 상처를 남길 수 있다.

## 에피소드

경치 좋은 야외테이블 친구와 난
맑은 공기 마시며 건배하는 순간
세상 시름 사라지는 듯하다

어릴 적 에피소드가 생각나 이야기했다
초등학교 시절 학교 가기 전
목이 말라 주전자에 물인 줄 알고
한 컵 마실 때 달짝지근해서
이상했는데 막걸리 마신 것이었다

술에 취하는 줄 모르고 학교 갔다가
얼굴이 홍당무 되어서

선생님께서 'ㅇㅇ아 얼굴이 왜 이렇게 빨개지니
혹시 열나니?' 화들짝 놀라시며
'어이쿠 어떻게 하지'

조퇴시켜주셨던 이야기 하면서
친구와 난 한바탕 웃었다

추억을 상기시키는 이 자리
각박한 세상 샘솟는 원동력 되어
우정의 꽃 피운 친구와 즐거운 하루 보냈다.

# 김 영 희

FOCUS on JESUS - 태국선교여행

바디랭귀지

FOCUS on JESUS
1. 첫째날
2. 파타야 에덴교회
3. 딴만 에덴교회
4. 산호섬

충북 제천 출생. 순복음 총회 신학 연구원 졸업. 月刊 순수문학 등단. 국제PEN한국본부, 한국문인협회, 한국 순수문학인협회, 강남문인협회 회원. 시 낭송가. 제1회 황금찬 전국 시낭송대회 은상, 제 25회 영랑 문학상 우수상 수상. 시집:「돌문 앞에서」

# FOCUS on JESUS
- 태국선교여행

설 연휴의 마지막 날
우리는 설레는 마음을
하늘 바다에 띄웠다
한 폭의 그림 같은 영해를 지나
역사 속 어느 페이지에 점을 찍으며
티끌보다 미미한 나에게 오신
우주보다 크신 주님의 품을 본다

구름이 눈 시린 전설로 가득한 앞가슴을 풀고
금빛 날갯짓을 하는 동안
농익은 노을은 풍만한 가슴으로 우릴 안았다
외투를 벗어제쳐 반나체가 되기까지

잘 왔구나 너는 좀 쉬렴
난기류에 지친 날개를 만지며
순풍은 아주 머 언 먼
여름으로의 바닷길을 달렸다
청보랏빛 커튼 속으로 하루가 잦아드는
수완나품 공항까지.

2024년 2월12일 오후 4시 55분 AirAsia 706

# 바디랭귀지

김 선교사님 부부가 우릴 맞으러 나오셨고
주님은 그분들에게 우리의 일정을 맡기셨다
띠를 띠고 허리를 묶고 서서 무교병을 먹으며
출애굽의 사인을 기다리는 이스라엘처럼

초,중,고생이 함께한 25명의 인원이
수화물을 찾고 공항에서 나올 때쯤은
2시간이 밀린 시차에도 현지의 10시쯤
승합차 3대에 나누어 타고 어둠을 사르며 자정쯤
파타야 해변의 코지비치 호텔에 도착했다
신관 7216호 체크인하고
짐을 풀고 잠자리에 들었지만
들어갈 때부터 훅 ~ 펀치를 날리던
곰팡이들이 허락도 없이 내 몸속을 들락거린다
이미 오밤중, 오만 생각 끝에
로비로 내려가 온몸으로 대화를 시도해야만 했다
알 수 없는 통화와 수없이 오가던 직원들의 안내로
일행과는 거리가 먼 본관 0206호로 체인지

한번 지친 수면의 꽃은 그 밤 다시 피지 않았다.

# FOCUS on JESUS
### - 1. 첫째날

깃털 같은 새날의 미소 안에서
호텔 조식을 즐기고 로비로 모였다

승합차가 줄지어 달리고 달려
유치원부터 초등학생까지 정원 240명
반븅학교에 도착했다
타일 맨바닥에 줄지어 앉아
우릴 맞이하는
한여름을 유산으로 받은 나라
학생들의 환영식 공연을 보고
우리의 어설픈 태국어 복음송을 하나님께 올린 후
10명의 장학금 전달 순서
딴만 에덴 교회 목사님의 복음 전파와 기도
스티커 붙이기와 풍선아트로 함께 놀아주기
준비한 신라면 10박스를 끓여 줄지어 서서
점심 배식을 하고
우리도 배식대에 기대어 서서
김치 없는 라면을 먹으며
일정을 관리하시는 주님의 음성을 들었다.

## 2. 파타야 에덴교회

다시 탑승하여 달리는 동안
넓고 푸석한 땅에 심겨진 가시 돋힌 묘목들
농사가 어려운 토양에 묘목을 심어
생계를 꾸리고 있다는 이야기를 들으며
차로 20여 분 넘게 달려
김 선교사님이 시무하시는
파타야 에덴교회에 도착했다
깔끔한 조립식 3층 건물

전임 선교사의 중한 지병으로 인해
8년 전 홀연히 오게 되었다는 선교 보고와 영상을 듣보고
햇살이 용솟음치는 망고, 용과, 파파야를
피로가 씻겨 나가도록 먹으며 주님의 선물을 누렸다

FOCUS on JESUS
홀연히
초,중,고생들과 함께한 이번 여행은
다음 세대에게 자신을 나타내시는
예수님의 계시.

## 3. 딴만 에덴교회

큐~ !! 사인을 받은 일행은 다시
승합차에 올라 다음 행선지로 향했다
우리네 울타리에 대추, 밤나무처럼
바나나 망고나무가 자주 보이는
마을들을 지나며 도착한 딴만 에덴교회
교우들이 하루 종일 준비한 듯 200여 개의 도시락
함께 나누어 담은 200봉지의 쌀
개인들이 챙겨간 의류들
망고 그늘 아래 선교사님의 손에서 다듬어지는
마을주민들의 헤어스타일
 이른 저녁 식사를 마친 교우들과 선교팀은 마을로 나가
 주민들을 교회로 초청했다
 예수님을 전하는 낯선 기도회보다
 도시락과 쌀 봉지 의류에 마음이 더 쏠리는 영혼들
 선교사님 목사님들이 혼신을 다해 전하는
 복음을 통역하며 가난과 질병으로 찌든 영혼들에게 안수를 하셨다
 글로만 배운 우리나라 초창기의 교회를 보는 것만 같은,
 언어의 장벽, 죄의 장벽으로 귀가 닫혀버린 영혼들
 예수를 마음껏 전하지도, 알아듣지도 못하는
 안타까움에 젖고 땀에 젖은 첫째 날은
 꼭지를 넘겨서야 호텔로 돌아왔다

숙소의 수영장에 이어진 해변의 절경을 누릴 여가도 없는
　하루 속에도 주님은 함께 계셨다.


　4. 산호섬

　조별 인증과 함께
　다시 오른 승합차

　호텔에서 배부한 큰 타올을 하나씩 받아 들고
　출발한 셋째 날의 행선지는 산호섬
　배로 40여 분 춤추는 파도에 업히고
　오토바이 삼륜차에 안겨
　산호섬의 꺼란 교회에 도착하여
　FOCUS on JESUS 현수막을 걸었다
　예배와 선교 보고 후에
　우리는 그곳 교회에 기록된 하나님의 말씀을
　그리고 삼륜차를 지원하라는 사인을 받았다

　쪽빛이 쨍한 해변
　아이들과 하늘 바다의 등줄기에 올라
　찰랑대는 쪽빛 목마도 타면서
　탄성과 괴성을 연발하는 우린
　주님 품속의 쪽빛 활어들

열대과일 투어, 대형마트 투어
남편과 함께 처음 영해를 건너 다녀온
4박 5일의 선교여행은
난생 속의 에덴이었다.

# 김 윤 준

- 사랑하는 누이를 떠나보내며
- 웃음꽃
- 민들레
- 하루
- 물봉선

강원 정선출생
순수문학 신인상 수상으로 등단
윤경피케이지 대표

## 사랑하는 누이를 떠나보내며

2024년
8월 20일
날 보듬고
업어 키워주신
누이가 떠날 채비를 하신다

살며시 미소 머금었다
새벽
빈소에서

떠난다고 하시며
어디로 가신단 말은 없으시다

그냥 미소로
묵언의 침묵으로

정처 없이 떠나려 하신다

안녕이란
행복하란

무언 한마디 남기시고
떠나려 하신다

잘가요
누이
묵언의 두손 모은다


## 웃음꽃

달맞이꽃은
달을 사랑해서
밤에만 핀다지요

해가 좋아서
해바라기꽃은
해만 따라 다닌다지요

낮에도 예쁜 꽃
밤에도 고운 꽃
밤낮으로 아름다운 꽃
님의 웃음꽃


## 민들레

벌 나비의 사랑
듬뿍 받고

노란 하얀 민들레들
고운 꽃잎 보내고
홀씨로 남았다

오늘일까
내일일까
이별을 기다리다

살포시
남풍이 오던 날

손짓 한번으로 안녕하며
실바람에 지 몸 싣고
기약 없이
훌훌 떠나는

민들레 홀씨들

## 하루

달은 갔습니다
둥근달인지
반달인지도 모르게

게으른 잔별들

새벽하늘과
이별하고 있습니다

소쩍새 울음
솔바람 자장가로 잠이 들고

물안개 헤집고
아침이 오려나 봅니다

동산 저 멀리 새벽해가
횃불처럼 어둠 밝히면

샛강
징검다리 건너서
종종걸음으로
또
하루가 옵니다

## 물봉선

해를 안고
달도 품고

제 몸 감싼 무명 치마저고리
벌로 수놓으며

바람의 걸음으로
쉬엄쉬엄 가는
느린 강 둔치에 물억새가 되었다

그 억새 사이사이로
물봉선이 곱다

팔월이면
물봉선이 피는 줄은 알았지만
시드는 물봉선 따라
여름이 가는 줄은 몰랐다

해 지고 달 뜨면
물봉선 꽃잎 끝에서
조금씩 여름이 시드는 걸 몰랐다
물봉선이 지는 줄만 알았다

# 김 태 범

- 만추(晚秋)
- 아침이 오는 풍경
- 천안 야곡
- 복자의 나무
- 국화(菊花)

서울 출생. 동국대학교 국어교육과 졸. 중등교장 퇴임. 월간 순수문학 등단. 순수문학 이사. 한국 문인협회 회원. 제27회 영랑문학상 우수상 수상. 필 동인. 갈대동인. 도봉시벗 회원. 시집 『도깨비들의 착각』 외 다수

## 만추(晩秋)

서글퍼지는 계절의 끝자락
모다깃비 같은 가을비에
겨우 버티던 늦가을이 무너졌다

앙상한 산수유 가지 끝에서
고달팠던 시간의 결실들을
끝까지 지켜주겠다던 이파리의 약속
늦가을 심술비에 무참히 깨졌다

이파리 떨어져 알알이 드러난
산수유 붉은 열매들
맨몸으로 가지에 겨우 매달려
서로를 부둥켜안은 채
닥쳐올 삭풍이 두려워 떨고있다

나무는 한겨울이 두려워도
새 움 돋는 봄이 있어 견디지만
내일도 없이 세파에 벗겨진 삶들은
삭풍을 어찌 견뎌낼까

## 아침이 오는 풍경

동짓달 아침은 귀로 열린다
더딘 발걸음 어둑서니에 쭈뼛거리고

바스락 낙엽 밟는 소리 흩어지더니
어둠은 살며시 산 그림자를 풀어 놓는다
어슴 새벽이 수락에서 아차까지
능선따라 수묵화 한 폭 그려내고
이내 능선 위로 연분홍 물감 섞어
수묵담채로 몸을 바꾼다
동짓달 마른 풀 삽상한 내음에
발걸음도 소슬바람을 차는데
해 뜨는 동녘 하늘 길은
온통 붉은 물감 풀어 그린 진채화다
그림 속에서 솟아난 시뻘건 아침 하나
산 아래 잠든 잿빛 도시 구석구석을
환하게 깨우고 다닌다


## 천안 야곡

흑성산 한 바퀴에 술맛이 살아났다
비포장 시골길도 아닌데
버스는 쫓기듯 덜컹댄다

아우내 장터 순대국이 아쉽지만
하늘아래 편안한[天安] 막창 국밥도
술맛을 돋운다
천안 역전시장 국밥집 주모는
절뚝거리며 세파에 시달리지만
푸짐한 정때문에 자리가 없다

술맛나는 술시(戌時)는 이제부터 시작인데
마지막 급행 전철때문에
뿌리쳐야만 하는 정맛을 아쉬워하며
흑성산 단풍길 수줍음
같이 불콰해진 얼굴로
자리를 박찬다

급행 전철은 시간에 쫓겨 남긴 아쉬움을
어둠 내린 허공에 흩뿌리며
노래하며 밤길을 달린다
천아안 삼거리 홍~
능수야 버들은 홍~

하늘 아래 가장 편안한 구속의 터를 향해
오늘도 세월은 겁도 없이 달린다

## 복자의 나무

아직도 숲은 감파란 세상인데
청명한 가을 햇살 한 모금에
저 혼자 빨개진 얼굴 부끄러워
다소곳이 고개 숙인 복자기 나무

그날도 아이들은
숨바꼭질 놀이에 신이 났다
나는 술래의 눈에서 도망쳐

타작마당 낟가리 뒤에 숨었다
복자도 먼저 와서 숨어 있었다
알 수 없는 서먹한 적막이 흐르고
거친 숨소리 잦아들자
술래가 찾는다
복자네 초가지붕에 걸터앉은
누렁 박도 숨을 죽인다
술래에게 들켰다
설레임까지 들킨 것처럼
화들짝 놀란 복자의 얼굴은
짧아진 가을 햇살에도 익은듯
바알갛게 물이 들었다

머잖아
숲 세상 가을물 흠뻑 들면
복자기 나무도 수줍음이 무뎌질텐데
그 옛날 바알갛게 물들었던
그리운 복자 얼굴
이 가을 깊어지면
나의 그리움도 무뎌질 수 있을까


## 국화(菊花)

기찻길 옆 인적 드문 길섶에
내복바람으로 쫓겨난 아이같이
12월을 쪼그려 앉아

하얀 서리까지 머리에 이고
후줄근하게 떨고 있다

아무리 오상고절(傲霜孤節)이라도
12월까지는 버틸 수가 없었나 보다

# 김 혜 원

| 감꽃
| 봉선화
| 내게 바이올린이 있다면
| 오솔길
| 알바트로스(Albatros)

〈순수문학〉 소설 · 시 부문등단.
이화여대 영어영문학과 학사, 석사, 미술학박사.
한국문인협회, 국제PEN한국본부 회원. 필동인,
저서 『알터피스』『골든피아노』『레드피아노』
시집 『사하라』 외 단편소설 및 공저 다수

# 감꽃

이른 아침
잠꾸러기 아이
화들짝 깨어
뒤뜰로 뛰어나갔지

소복이 쌓인 하얀 꽃 더미
다가오는 상큼한
여름 아침 향기

초록우산같이 하늘 덮은
나뭇잎 사이로 톡톡
떨어지는 꽃 소리
집었던 꽃 던지고
방금 내린 새 꽃을 쫓아가네

뽀얀 우윳빛 진주색
도톰한 감촉
앙증맞은 꼬마 왕관
하나하나 꿰어 만든
눈부신 공주 목걸이

조심조심 목에 두르는데
할머님 다정한 목소리
"꽁치 구웠다.
연한 감잎 몇 장 따오렴"

## 봉선화

지나며 무심코
눈길 닿은
반쯤 열린 나무 대문

중정 마당 장독대 곁에
봉선화 서너 포기
소담스레 모여 섰네

허기져 들어서면
소반에 보리밥 한 그릇
풋고추 한 줌, 오이 냉국
금방 차려 내올
고향 우리집 닮았네

여름방학 즈음
봉선화 물들이며
나를 기다리던
고향집 어머님과
누님이 생각나네

## 내게 바이올린이 있다면

"내게 바이올린이 있다면~" 라는

가사로 시작하는 노래 있었지
   그 옛날 친구 영숙이가 지휘한
천 번도 더 연습했던 교내 합창대회
   우리 반 자유곡

국외 여행 한번 떠나볼까
   바이올린 둘러메고
의좋은 친구 함께라면
   어디라도 좋을 거야

열린 마음 열띤 대화
   많은 친구도 사귀며
쇠사슬 달린 멋진 시계없어도
를롱표* 양복없어도
   아름다운 연주 가능할 거야

주머니가 얇으면 어때
   여행 생각만해도
   가슴부터 설레는데

리스본 항구 넘실대는 푸른 파도
   요트 선상 연주를 해 볼테야
라만차 풍차 마을에 가면
   돈키호테도 만날 것 같아

*고급 양복 상표

# 오솔길

나는 숲에서 보았네
의좋게 쳐다보며 눈웃음
주고받는 나무들

길에 누가 화사한 팔레트를 두고 갔나요
이쁜 색깔 날마다 곱게 바르고
요런 모양 저런 색깔로 단장하고
수줍은 듯 기다리는 작은 길

진짜 세상엔 가지가지 길이 있어
리야드에 뜨거운 무채색 포장도로
요르단엔 길고 긴 협곡 와디 무집*(Wadi Mujib)

생명이 숨 쉬는 허파 숲이 내게 손짓하네
명징한 아침 해에 안개는 차츰 엷어지고
이 길은 나를 앞질러 저 멀리
안개 따라 종종 걸음
신비한 초롱꽃에 마음 끌려 길을 잃었네

주목 울창한 숲 가운데 나 홀로 서 있네

## 알바트로스(Albatros)

알바트로스 놋대처럼
긴 날개 가진 특별한 새

바다 이 끝에서 지구 저편까지
항해자의 외로움을
달래며 함께 가는 친구

트로이 왕자 파리스와는
다른 창공의 왕자님

로마 황제 아울렐리우스
못지않은 사색하는 현자

스스럼없이 폭풍을 기다려
바람에 몸 맡기고
활공을 즐기는 신천옹(信天翁)

# 남 종 구

꽃의 연정戀情

푸념

꽃의 생존

균형이 깨어지면

자연 법칙

대구 출생, 순수문학등단, 한맥문학이사,
순수문학, 한국문인, 국제팬본부, 강남문협회원,
시집 '너만 생각나' 공저:봄날은 간다

## 꽃의 연정戀情

말도 마소!

제 아무리 예쁘고 향기로운
꽃이라 해도
벌, 나비 찾지 않고
시들지 않고 지지 않으면
꽃이라 노래할 수 없네

사랑받던 꽃이라 해도
비참한 순간이 올 줄을
알면서 꽃을 피우는데
열정을 다 바친다


## 푸념

허공에 툭 던지는 넋두리
함부로 뱉어선 안되는 넋두리
마음 속 응집된 불만의 말
들어달라는 깊은 뜻 숨어있다

인생길 지인에게 꿍얼꿍얼
푸념한다
나의 속마음 멍든 응어리

스트레스 출구 찾는다

귀담아 들어주고 맞장구로
해답해 줘야
숨겨둔 치부를 넋두리로
계산없이 꺼내는 말

스스로 상대에게 푸념하고
깜짝 놀란다
치부라는 생각에 주워담을 수도 없다
세상사 돌아가는 모습 보니
푸념이 절로 나온다

## 꽃의 생존

씨앗이 한송이 꽃을 피었다
그 꽃이 자생自生으로부터
피었나
그 꽃이 타생他生으로부터
피었나

꽃 그 자체自體와
그 꽃이 아닌 그 무엇이
공생共生하여 꽃을 피었나

아무 인연因緣없이
무생無生으로 꽃이 피었나
한송이 꽃이 피었을 경우
詩人은 生存의 의미를 말한다


## 균형이 깨어지면

세상의 법칙은 균형均衡이 깨지면
소리가 나는 법
불평등을 느끼면 반발심이 폭발한다

내가 알고 모르고 상관없이
세상엔 이치理致가 존재한다

내 마음이 무작정 전진한다고
도움이 되지 않을 수도
내 마음이 전진하기 보다
그 자체自體를 봐야 한다

난로 불을 쬐면 온몸이 따숩고
얼음물에 들어가면 온몸이 시리다

정치 지도자들이 평상심을 잃고
소통疏通 애기하는데
진정으로 열어 놓고 교감하기는

쉽지 않다

세상의 법칙은 중심中心으로
모여드는 성질이 있다

## 자연 법칙

자연이 바뀌고
순환하는 법칙은
거짓이 없다

꽃은 말이 없어도
나비를 끌어들이고

비는
천막天幕 있으면
사람을 끌어들이고

숲이 무성茂盛할 땐
산이 한 덩어리처럼
보이지만

잎이 떨어지고 나면
산의 골격이 드러나
생김새를 잘 알 수 있다

# 문 순 심

경고

반란

안부

여름날 오후

참깨를 털면서

전남 영암 출생, 2017년 월간 순수문학 등단. 한국문인협회, 한국여성문학인협회, 순수문학인협회 회원, 필 동인. 제24회 영랑문학상 우수상 수상, 새구로 마을신문 기자. 시집 "덤", 동인지 "시 하나 내걸기" 외 공저 다수

## 경고

폭염 폭우 미쳐 날뛰는 시국
제발 싸우지들 말거라
텃세 부리지 말고 화해하거라
거슬러 올라가면 모두가 동족

치욕의 그 해 삼월
철없이 반해버린 그 잘난 볏
대장 시켜 떠받든 죄밖에 난 몰라

마구잡이 너의 공격은 그렇다 치고
내 이쁜이들 등허리는 어쩔 건데
복날이 코앞이다
쥐뿔도 모르는 이 머저리 달구 새끼야

대장 놀이 그만하고 내려와라 좀

## 반란

이제부터 북극성 안 할 거야

뻔한 속내 모를 리 없지만
흔들림 하나 없는 그 눈빛
공손한 두 손

조리대 앞에 선 뒤태에
아직도 설렌다는 그이
청이랑 편먹고 쿵 하면 짝

나도 떠돌이별 하고 싶어
누가 할래 붙박이별

한여름밤 남도의 하늘가엔
떠돌이 빨간불 일색이다


## 안부

산수유꽃 눈뜨는 기척에
봄이 오려나 내다봅니다

살짝 흘려보낸 마음 자락에
무심한 반응이라도 좋으련만
안타까운 선문답에 애가 마릅니다

물안개 손잡고 노니는 사람아
심중에 점 하나 놓을 여백이
그리도 아득할지요

새 소리 귓가에 구르는 새봄
노랗게 나부끼는 가슴 가득히

산수유꽃 흐드러집니다

## 여름날 오후

방울이 몇 톨 남겨두고
이 얼마나 갸륵한 양보인가

그게 뭐라고
차고 넘치던 방울 방울이

텃밭 가득 푸르던 날
꽃눈 뜨던 그 순간을 알기에
꽃잎 피고 지는 그 설렘을 알기에

너를 어쩌지 못하고
공들인 친환경 유기농에 무농약

아무래도 오늘 그이 몰래
유박비료 한 줌 묻어줘야겠다

그 멀쩡하던 여름 하늘에
소나기 한 줄 비웃으며 지나간다

## 참깨를 털면서

세상없이 오묘한 이 작은 한 톨이
층층이 들어올린 반란

그 향기 온누리 퍼져 나가면
뭇 새들과 가난한 중생과
천지만물은 비로소 축제의 시간

피맺힌 땀방울 영근 햇살 사이로
썰물처럼 훑고 지나가는 바람 한 줄기
전율하는 또 다른 우주를 향해
섬김을 다한 이 작은 한 톨

고소함의 절정 즐거움의 끝판왕
참깨 볶는 소리
참깨 쏟아지는 소리

# 박 복 의

| 거울
| 비 개인 아침
| 여명
| 옆구리
| 친구 아들 결혼 하던 날

호: 사석
2021년 월간 순수문학 시 부문 등단
한국 문협 회원. 대전 문총 회원
대전 중구 문협 운영위원
2023년 대전 투데이 문화 예술인상 수상
서예. 문인화 작가. 월간 사진 추대작가

## 거울

거울 없이도
마주하는 모든 것에서 내 모습을 본다

살가운 미소 속엔 반기는 모습이 있고
글썽이는 눈물엔 슬퍼하는 내가 있다

들킬세라 애매한 몸짓엔
애써 감춘 흔들리는 마음이 있고
당혹해하는 표정에선 참회하는 내가 있다

희끗한 잔설 위로 찬비 내리는 날
앙상한 가지 끝에 맺힌 빗방울에서
봄을 기다리는 나를 보다가
세월타고 오는 봄기운에서
반가워만 할 수 없는 중년의 자화상을 본다

거울이 없어도 나의 눈길 머무는 곳엔
언제나 마주보는 내 모습이 있다

## 비 개인 아침

보드란 스침으로 듣는
감미로운 속삭임처럼

사륵 사륵 밤새 내린 가을비에
함뿍 젖은 숲 속 공원의 아침

투명 물빛을 더한
찬란한 원색의 수채화처럼
샛노랗게
새빨갛게
한결 산뜻해진 단풍 숲 아래 저만치
고인돌을 닮은 덩그런 공원벤치

화창한 날
재잘재잘 조잘조잘
왁자지껄 웃음소리 새소리
분분하던 속세의 분진들은 빗물에 지고
숨죽여 스쳐 울던 바람마저 고이 잠든
비 개인 아침 숲 속의 공터

화려한 시절에
빼곡한 추억들을 헤집어 보지만
그리움으로 괴롭던 가슴앓이마저도
아스라한 추억으로 스러진 지금
저만치서 공원벤치는 망부석이 된다

## 여명

하늘엔
빛 바랜 별이 있고
일그러진 달무리엔
네 모습이 있다

깃든 미소는
따라 웃는 아늑한 여유를 주고
깊은 시름엔
쉽사리 말 못 하는 사연들로
아린 가슴으로 젖어든다

저린 마음
시린 손끝으로 허공을 저어가면
잡힐듯한 네 모습인데
잠결에 놀라 두 눈이 번쩍

천정엔 어느새 불 꺼진 등하나 덜렁

## 옆구리

생수통을 탁자위에 올려놓는 순간
주체 못할 통증에 낮은 신음이 샌다

깁스한 듯 뻣뻣해진 오른쪽 옆구리에
숨결마다 통증이 따라붙고
왜 그랬어? 조심 좀 하지!
이명처럼 울리는 누군가의 책망을 듣고서야

쉰내 나는 이순 나이를 잊은 채
옆구리에서 힘줄을 타고 내리는 젊은 통증에
과한 힘을 쓰고 있음을 알았다

등줄기를 타지 않고 그 만큼만 내린 것은
더 없는 행운이다

당연한 것들이 당연하지 않을 때
몸의 경고에 감사할 줄 아는 겸손함으로
아픈 만큼 그만한 생각들이 새살처럼 돋는다

## 친구 아들 결혼 하던 날

동창들을 만난다는 생각에
유년으로 달려가는 내 맘은 벌써부터 설렌다
삶에 지친 나날들
이런 날이 아닌 담에야 언제 맘 편히 보겠는가

골 주름에 반백이 되어버린 자화상으로
서로를 확인하듯 마주잡은 두툼한 손바닥

세월의 무게만큼 응축된 많은 시간들이
핏줄을 타고 뜨겁게 가슴으로 흐른다

그 동안 만나지 못한 시간들을 당기듯
세월의 강을 거스르는 술잔마다
더불어 누려갈 우리를 위하여 건강을 위하여
거듭되는 건배사의 외침

어느덧 우리는 지긋한 중년의 굴레를 벗고
실없이 웃어대던 깃털 같던
사춘기 시절의 머시마와 가시내가 되어간다

어린 시절로 거슬러 가는 여행
눈물을 질금거리며 배꼽 잡는 웃음바다는
쉼없이 파도를 탄다

내 결혼식인 듯 반갑고 즐거운 마음
웃고 웃다가 친구 아들의 결혼 축하연임을 잊었다

결혼 축하하네
행복하게 사시게나

# 박 완 순

연꽃

그냥 그대로

사랑은

그리움

혼자랍니다

경기 안성출생. 아호는 석곡
순수문학 시등단 신인상
서울문학문인회 회원
한국문인협회 회원
서예, 한문연구 30년
3집 음반출시
자전에세이 이젠숨지않는다 출간
서예연구실 연묵재 주재

## 연꽃

시궁창
진흙 속에서도

아름다운
꽃을 피우고 있는 너

너처럼
오롯한 모습으로

자신의
중심을 잃지 말지어다

## 그냥 그대로

자연 만물은
나무나 꽃이나 잡초가

잘 자라는
이유가 있습니다

그냥 그대로
놔두기 때문입니다

사람도 그냥
그대로 인정해 주면 됩니다

한 발짝 물러나
그대로
바라만 보아주세요


## 사랑은

사랑은
팔 하나 내 주고
다리 하나 내 주고
이 몸뚱이를 다 내 주고
이렇게 나눠주어도
모자란게 사랑이 아닙니다
사랑은 하나입니다
아직도 사랑하고 싶기에
사랑이 어렵습니다


## 그리움

큰 함지박 다라에
물 가득 받아놓고

할머니께서
날 목욕시켜 주셨습니다

울 할머니
내 고추 바라보시며

지 애비 천당간지
얼마 안되건만

이 놈의 자슥
고추는 많이도 컸네

우리 장군 우리 장군
불쌍한 자슥 같으니라고

박씨 가문에
큰 인물 장군 나오겠구먼

이제는 내가 울 할머니
목욕을 시켜 드리고 싶지만

내 가슴 속에는 눈부신
별 하나 빛나고 있을 뿐입니다

# 혼자랍니다

나는 이제
혼자랍니다

외로움을
어찌 다 말할까요

기회가 왔을때
그 사람 손을 꼭 잡을걸

이젠 더 이상
외롭지 않은 만큼만

내 마음 들키지 않으렵니다
처신도 당당하고 근사하게

뭐든 해낼 수 있을 것 같은
환상 속에
나 답지 않은 나입니다

# 박 종 권

| 새벽 십자가
| 장미 정원
| 폭염
| 가을서정
| 12월의 소고

순수문학등단(1999), (사)한국기독교문인협회부이사장, (사)한국문인협회이사, (사)국제PEN한국본부이사, 순수문학인협회부회장, 영랑문학상본상, 순수문학작가대상 수상 "새벽별 지기 전 당신은 떠나고", " 사랑 하나 달랑 지고 가네" 외 다수

## 새벽 십자가

불 꺼진 성전
홀로
외로운 당신을 보네

헛된 것 부여잡고
분憤내며 흩날리는 눈물

날 위해
못 박혀 피 흘리시는
당신을 보네

## 장미 정원

목련이 가고
라일락 향기도 어디론가 떠났네

때가 이르면 만물은 소리 없이
떠날 것은 떠나고
올 것은 또 오는 것이지만
문득 이별 앞에 서면
슬픔이 먼저 찾아와
영혼을 뒤흔드네
지난 날들은

왜
좀 더 순종하지 못하고
좀 더 사랑하지 못하고
좀 더 눈물 흘리지 못했을까?

작열하는 태양 아래 홀로 외로운
빨간 장미
가시면류관을 세우네

## 폭염

백자를 굽는 걸까
청자를 굽는 걸까

활 활
타오르는 불볕덩이
동공이 어지럽다

거리는 거리마다
건물은 건물마다
토해 내는 성난 화기

햇살 잠시 숨 고르면
하늘 바라보고
나를 돌아본다

## 가을서정

그저께
붉은 홍포로 갈아입은
아름다운 이슬

귓전에 오래 남는
허수아비가 부르는 판소리

아,
샹송이 부는 가을은
감나무 끄트머리
홍시 하나

까치를 보다가
봄쯤에 출산할 여인을 보고
아래로 낙하하는
아름다운 단막극

## 12월의 소고

한 해가
탈진한 의자에 앉는다
들판에 걸린 황금 빛 노을 앞에
**뼈**만 앙상한

긴 수염 달린 허수아비 장수
세상을 떠나며 버린 이 땅의
훈장들을 가슴에 달고
지난날
얼마나 삶의 위선을
바람에 부리며
심장이 작은 새들을 놀라게 했던가
세월의 파편인
작은 종말 앞에
미련과 인연의 결정물은
허무와 참회의 눈물이리
올해
또 그 앞에
심판의 날처럼 서니
한설에 떨어지는 홍시같은 눈물
또 뚝, 뚝 흐른다
무심한 12월의 패지(敗紙)
고단한 노인의
바람 빠진 유모차 위에
실려 사라진다.

# 박 종 흡

- 바람 부는 날에
- 심운(心雲)
- 삶
- 황혼 길에서
- 이유는 묻지 마라

---

서울대 법대 졸. 법학박사. 한국문협·국제PEN 한국본부 회원. 순수문학인협회 이사. 순수문학상 수필부문 대상 수상 (2016). 시집 「오늘 같은 날」, 「길 없는 길」 외 다수. 수필집 「사과 한 알 때문에」, 「눈 뜨고도 못 보는 것들」 외

## 바람 부는 날에

너는 너는
흘레바람
나는야
바람개비

마음자리 둘 데 없어
매여 우는 날갯짓

인생길
알 길 없는데
저리도록 맴도는가


## 심운(心雲)

일다 지고 지다 피는
마음 속 천태만상

조각내어 훠얼훨
허공에 풀었더니

저 구름
지레 아는 듯
형형색색 시늉하네

# 삶

제발 나에게 이런 질문은 하지 말아 주세요
네가 누구냐고…

이런 질문도 사양하렵니다
네가 어떻게 사냐고…

더욱이
이런 질문은 너무 어렵습니다
네가 왜 사냐고…

나는 그저 나이니까요

삶이란
설명하려 들면 너무나 난해한 퍼즐입니다
백지에 그려 나가는
동화일 뿐입니다

# 황혼 길에서

늙어 간다는 건
바람 속의 먼지일 뿐
내가 나를 넘는 고개일 뿐

나와 아들 그리고 손녀를 본다
핏줄이 이어지듯
젊음과 늙음도 이어질 뿐이다

온몸을 휘어감은 세월의 매듭들
녹 쓴 고뇌의 칼로 풀려한 들
무슨 소용 있으랴

저녁노을 수평선을 나는
저 여유론 갈매기처럼
늙음을 날고 싶다

## 이유는 묻지 마라

할아버지와 어린 손녀가 벤치에 앉아 있다
가을날 나란히

할아버지는 낙엽을 보며 '고엽'을 노래한다 구슬프게
소녀는 스마트폰을 보며 깔갈대며 게임을 한다 아랑곳없이
서로를 알려고 하지 않는다

짝사랑과 홀사랑의 만남
공허의 불안 낙엽처럼 쌓인다

사람들은 모두가 다 혼자이다
그걸 알려고 하지 마라

그냥 웃자 이유는 묻지 마라

## 靑民 박철언

> 수국
>
> 만남과 만남 사이
>
> 아름다운 동행, 향 맑은 꽃길
>
> 사랑인가
>
> 처절한 시대 순수한 영혼 윤동주 !

시인. 변호사. 법학박사. 한반도복지통일재단 이사장. 전)정무장관. 체육청소년부장관. 3선국회의원. 대통령정책보좌관. 검사장. 1995년 등단 서포문학상대상, 영랑문학상대상, 순수문학대상,시세계문학상대상, 문학세계문학상대상,세계문학상대상, 김소월문학상본상, 한국문학사를빛낸문인대상

## 수국

초여름 산기슭에
동네 산책길에 물가에
은은하게 풍겨오는
둥근 웃음

수국 너는
장미처럼 화려하진
않지만
시골 처녀의 수줍고도
깨끗한 웃음이다
백목련처럼 고결하진
않지만
도회 총각의 듬직한
진실같다

흰 빛깔로 태어나
청색으로 변하더니
이내 붉은색으로
돌아눕는 너
흙의 성분에 따라
표정 바뀌는
변덕쟁이인가
처녀의 진심어린
꿈인가

무수히 작은 꽃들이
모여
둥근 웃음 피워내는
수국
모난 세상 사는 법을
가르쳐준다


## 만남과 만남 사이

아침 이슬 머금은 산책로
발길마다 풀 이슬로 적셔오는 그대

걸으면 아득히 희미해지다가도
가로등과 별빛 외로운 밤엔
더 또렷해지는 그대

밤이 되면 다시 맺히는 이슬처럼
쌓여만 가는 그리움의 시간들

집안 곳곳에도 남아 있는 체온
그림자처럼 따라오는 그대
또 다른 내가 되어
온몸에 뭉클, 맥박이 뛴다

문학을 얘기하고 꿈을 짓는 만남

지성 뒤에 숨겨진 야성의 마력
알 듯 말 듯 경계선에 선 그대
깊숙이 들어왔다가 나갔다가
제멋대로 내 마음 저울질한다


## 아름다운 동행, 향 맑은 꽃길

이른 봄 공원 벤치에서
내 사랑과 나 처음 만났지요
예쁜 눈, 오똑한 코, 긴 머리
지적인 분위기 너머 잠든 야성
우아한 모습으로 말없이
책을 읽고 있었어요
내 가슴에 단번에 파고든 그대 영혼

아무말도 건네지 못한 채
한 계절이 흘렀지요
드디어 떨림 모아 고백 했어요
-둘이 따로 만나 하나가 되어
외로움과 긴 방황 끝내고 싶다 - 고

며칠 후 그대 답신, 날 흔드네
-그대 날감정 내 가슴 파고들어
호흡과 맥박 맘대로 조율해요
그대 내 가슴에 피어나는 꽃

나 그대 가슴 속 떠오르는 별
타는 불꽃 되어 쓴 시
그대 가슴에 걸었어요–

서로의 가슴 깊이 묻은 마음 꺼내니
비밀의 정원에 가득 핀 장미꽃
내 사랑과 나, 아름다운 동행
향 맑은 꽃길 영원히 걷고 싶네

## 사랑인가

숨결마다
시詩로 불어오는 그대

그대 맘이
내 맘인 줄 알았는데
병 주고 약 주고

내 맘이
그대 맘인 줄 알았는데
약 주고 또 병 주고

꺼낼까? 물을까?
두려운 내 마음

그대 맘 깊은 곳
내 마음 묻으니
내 맘 깊은 곳
그대 마음 묻어 주오

부는 바람마다
시詩가 되는 그대

## 처절한 시대 순수한 영혼 윤동주!

만주 명동촌에서 태어나
꿈 많던 젊은이
엄혹한 일제 강점기 광기의 고뇌를
시로 승화, 쉬운 말로 진솔한 감성을 풀어내는
새로운 시 세계를 열었다

잎새에 이는 바람에도 괴로워했던
치열한 시 정신, 모진 풍파 속에서
독립을 갈구, 나락에 빠진 민족을 사랑하며
자신에게 주어진 길을 걸었다
민족의 수난에도 응답없이 침묵만 지키는
신神에게 대들기도 하고
"나 아직 여기 호흡이 남아 있소" 라고
소리치기도 했다

조선독립과 민족문화 수호를
선동했다는 죄목으로 투옥
그렇게 소망하던 해방을 6개월 앞두고
후쿠오카 형무소에서 생生을 마감했다
시 100여 편에 앙상한 뼈만 남은 채
스물일곱의 꽃다운 나이에

하늘과 바람과 별의 시인 윤동주!
처절한 시대에 순수한 영혼을
민족의 제단에 바친 윤동주!
지금도 님은 우리들 가슴에
영원한 꽃으로 피어있습니다

# 박 희 정

감사
따사로운 햇살에 기울인 그늘
아들아~~
이유
회복

月刊 순수문학 시 등단. 한국여성문학인회, 한국문인협회, 한국순수문학인협회 회원. 필 동인. 현 플로리스트 (flowershop 운영)

## 감사

지나온 길
지나갈 길
과거와 미래
우리가 서성이는 그길들 가운데
나는 어디에 있는가

아픔을 끌어안고 앞으로 가기엔
내 발이 무겁다
그래도
두발로 지금 이곳에 서 있다
비를 맞을때 우산을 씌워줄 이가
옆에 있다
그가 나이고 내가 그이
곁에 그가 함께한다
그래서
지나갈 길은
어제가 되고 오늘을 지나 내일로 갈 수 있게
감사를 품고 힘겹지만
한발씩 내디딜 수 있는가보다

## 따사로운 햇살에 기울인 그늘

아직은 서늘한 기운이 돈다

햇살 가득한 볕이 너무나 반가운 오늘
따스한 햇살이 나의 앉은 자리를 비춘다
온몸으로 맞이하는 행복한 지금
누구든 좋을 이 시간을 즐기며
눈을 감고 감사한 추억 하나를 챙긴다
어디선간
가리워진 햇살의 따사로움을
그리워하겠지
아침에 드리웠던 그늘은
정오를 지나
자리를 옮기겠지
인생도 그러하리라


## 아들아~~

넘어져도 잘 일어날 수 있는 방법을 터득하길
외로울 때 찾아갈 지인이 있길
기쁜 일이 있을 때 교만하지 않으며
기쁨을 즐길 수 있길
아플 때 손 내밀어 함께 있어 줄 사람이 있길
기도한다

실패로 좌절을 알게 되도
지혜로 일어설 수 있길
나만이 아닌 우리가 그 삶을 이어나가길

교만보다는 겸손으로
자랑보다는 감사로
돌 뿌리를 피하는 밝은 눈으로
사람을 만나며 관계를 유지하는
지혜로운 자로 삶의 길을 걸어가길
기도한다

## 이유

두둑 두두둑
나뭇가지가 꺾인다
영 부러질 것 같지 않았던
굵은 가지가 부러졌다
그 안에 꽉 채우고 있던 심지가
다 빠져 바짝 마른 나무는
맥없이 부러졌다
이제야 그 나무는 편안한 쉼을 가지게 되었다
비틀린 자세로 고집하다
내 몸의 자세가 힘든지도 몰랐다
부러진 것이 더 축복이다
축복 속에 머무를 나무여

# 회복

고기를 잡으려
그물을 내린다
하나도 잡지 못하고
드리웠던 그물 올리며
한숨이 깊어지는
어부의 삶

어쩌다 무거워진 그물을 올리니
찢어진 그물로 물고기가 샌다
찢긴 그물을 촘촘히 기우며
만선의 꿈을 그린다

고난은 나에게 이런 것
얼기설기 엮여 있던 그물이
시련과 아픔을 지나
다시 새롭게 엮여 진 그물처럼
촘촘히 내 인생의 그물이 기워진다
그때는 만선이 되어 함께 누리리
온전케 하실 그를 향해 기쁨을 누리리

# 백 점 숙

- 5월이 오면
- 유월을 고대하며
- 알래스카의 겨울
- 딥네팅(Dipnetting)

전북 남원 출생
한국문인협회, 국제PEN 한국본부 회원
순수문학인협회 수석부회장
몬테소리유치원 원장(앵커리지)
건국대학교 학사, 동대학원 석사
미국 브리지포트대학 교육학 박사
영랑문학상 (해외)작가대상 수상

# 5월이 오면

엊그제 까지만 해도 코를 질질 흘리며
손등으로 쓱 딱고도 수줍음을 몰랐었는데
벌써 사각모를 쓰고 졸업식 가운을 입었구나

아무렇게나 던진 말에도
고개를 갸웃우뚱하곤
환하게 웃으며 고개를 끄덕여 주었었지

나 혼자 신이 나서 푼수를 떨어도
두 눈을 깜박이며 빤히 바라보곤
살짝 웃음을 머금고 들어 주었던 아이들

너희들의 꾸밈없는 웃음이
천사의 모습 그대로였고
나의 피로 회복제였었는데

어쩌다 너희들의 웃음이 그립거들랑
아니 너무도 보고 싶거들랑
여유로운 미소로 찾아와 주겠니?

사랑하는 아이들아

노던라이츠 유치원은
항상 이 자리에 너희들이 힘들고 고단할 때

언제든지 찾아와 이야기 할 수 있는
추억의 장소임을 잊지 말아라


## 유월을 고대하며

유월이 오면
추억의 시를
당신에게 띄우겠어요

황홀한 햇살 자락에
함께했던 기억들을
줄줄이 엮어서 보내겠어요

잊으려 잊으려 했지만
커피잔에 드리우며
유월이 왔다고 속삭이는
어머님을 지울 수 없네요

그래요
초록이 무성한 유월이네요

이른 아침
햇살은 창문을 두드리며
당신의 노래를 불러라 하네요

영롱한 햇살은 음줄이 되어 주고
화려한 꽃잎은 음표가 되어
천상의 화음을 수 놓고
황홀한 성가를 들려 주네요

창문을 열고
눈을 감으며 하늘을 올려다 보니
명치끝이 아려 오는군요

매일 아침 눈 뜨면
"좋은 아침 머느라"
커피를 들고 들어오시는 시어머님
둘이 마주앉아
어제와 오늘과 내일의 이야기 꽃을 피웠었지요

유월이 오면
당신과 나만의 이야기를
실타래에 감았다 풀었다 하며
행복한 우리만의 추억을
울궈먹기로 했어요

영원히 영원히……

## 알래스카의 겨울

겨울이라　　북풍한설　　휙휙 몰아치면
단풍잎은　　흰옷으로　　얼른 갈아입고
남쪽바다　　찾아가는　　새면 불러모아
봄이오면　　만나자며　　편지쓰는 겨울

겨울이라　　함박눈이　　펑펑 쏟아지면
알래스카　　온천지가　　하얗게 물들고
기나긴밤　　고향생각　　실타래 풀고 감아
하나님이　　주신안식　　감사하는 겨울

## 딥네팅(Dipnetting)

간밤에 장대비가
왜그리 요란한지
하얀밤에 성이 났나?
우리가족 딥네팅가는데
샘이 났나

바닷물에 몸 바친 햇살들은
현란한 미소를 머금고
신내린 물결따라 춤을 춘다
목젖 치켜 세운
갈매기 떼들의 굉음에 맞춰서

네트는 쇠소리를 내며 들랑거리고
방망이 끝에서 신음하는
새면의 비명소리에
공양온 중의 목탁소리가 바빠지는구나

생사고락의 희비가 엇갈리는
키나이 반도에
한여름의 축제가 시작된 것이다.

# 소 명 환

아버지의 사랑

태양처럼 빛나는 별이 되소서

어디가 다른가

천국이 따로 있나

사랑이라는 묘약

2022년 3월 월간순수문학 등단. 고려대학교 대학원 졸업, 박사학위 취득. 부천대학교 식품영양학과 교수 정년퇴임. 한국식품영양학회 제16대 회장 역임. 전국식품영양과 교수회 제19대 회장 역임. 한국식품영양학회 학술상 수상. 필동인회 회원. 한국문인협회 시분과 회원.

## 아버지의 사랑

중병을 앓던 고등학생 시절
나는 고향의 작은방에서
창백한 얼굴로 누워 있었다

점쟁이에게 물었더니
아버지가 집을 함부로 고쳐
집 귀신이 노해서
아들이 아픈 것이니
굿을 하라는 것이다

그러던 어느 날
쾅, 쾅, 소리와 함께
초가집이 흔들거렸다
아버지께서 큰 도끼로
뒷기둥을 후려쳐 찍고 계셨다

여기에 귀신이 붙어 있다고,
귀신아, 나와봐라,
여기 있나
아버지의 고함소리와 함께
도끼질은 계속 되었다

할머니께서 말씀하시기를
귀신이 혼비백산했겠다

이제 그만하여라

아버지께서 귀신을 찍어내신 덕에
나는 차츰 회복되어
결국 건강해졌다

착하고 여리기만 하시던 아버지
명절날 자식을 만나면
반가워 눈물만 흘리시던 아버지

오늘 따라 아버지가 그리운 것은
아버지의 따뜻한 사랑이
내 영혼 속에 살아 있기 때문이리라.

## 태양처럼 빛나는 별이 되소서

사랑하는 우리 님은 떠났습니다
삶을 향한 미련 집념 놓아버리고
환한 웃음으로 두 손 흔들며
목련꽃 사이의 하늘 길을 따라
흰 구름 저편으로 사라졌습니다

삶과 죽음이 무엇인가요
물거품이 일어남이 생이라면
물거품의 지속이 삶이고요

물거품이 깨어짐이 죽음이지요
이리저리 바뀌어도 본성은 물이니
삶보다 죽음이 본성이지요

우주에서 생겨나서
우주로 돌아감이 생사이거니
본성인 우주로 돌아가시어
태양처럼 빛나는 별이 되소서.

## 어디가 다른가

도살장으로 실려 가는 하얀 돼지들
잠시 후에 닥칠 일은 알지도 못한 채
넘어지지 않으려고 안간힘을 쓰는구나

코 하나에 눈 둘
입 하나에 귀 둘
인간과 다른 점이 어디이던가
저들도 인간만큼 귀중한 생명

귀중한 남의 생명 하찮게 빼앗고
그 대가로 누리는 인간의 안락
이것이 진정한 안락일 수 있을까?

## 천국이 따로 있나

누구나 오래 살기를 원한다
만약 사람이 천 살까지 산다면
세상은 노인들로 득실거리고
너무 너무 많아서
앉을 수도 없고
걸을 수도 없다
천국이 아니라 끔찍한 지옥

이 몸이 젊을 때
씨앗 몇 개 만들고
그 씨앗 길러서 새로운 나를 만든다
이렇게 이어가면
나는 천 년 만 년 젊게 사는 셈이지
알고 보면 이 세상이 바로 천국.

## 사랑이라는 묘약

배추 잎을 갉아먹는 섬서구 메뚜기
살금살금 다가가 꽉 움켜잡으니
다행히 한꺼번에 두 놈이 잡혔네

어라, 잡혀서도 꽉 붙어 있구나
사랑을 나누다 운이 나빠 잡혔나

사랑의 묘약이란 저런 것인가
죽일 수 없어서 풀밭으로 던졌다

남녀의 사랑도 저런 것일까
죽음의 두려움도 잊게 해 주고
지옥에서도 행복을 느끼게 하는
사랑이라는 이름의 마술 같은 묘약.

# 소융일

새 생명은 그렇게 세상을 연다

하얀 마음을 사랑한다

나는 무엇인가

머나먼 길

새 가을

월간 순수문학 등단. 충남 논산 출생. 순수문학인협회, 필동인 회원.

## 새 생명은 그렇게 세상을 연다

굳게 닫힌 엄동 빗장을 걸고
서슬 퍼런 동장군
동백꽃 유혹에
싸늘한 눈길
매화꽃 눈웃음에 봄이 열린다

겨우내 갇혔던 웅크린 생명들
손가락 꼽은 봄소식
숨죽인 민족
터뜨린 삼월처럼
앞다툰 어린 새싹 함성 울린다

수백 배 무거운 땅껍질 머리 이고
빼꼼 내민 노란 얼굴
수줍은 아린 눈빛
낯선 세상 신비로워
새 생명은 그렇게 세상을 연다

## 하얀 마음을 사랑한다

무심코 거울을 본다
나를 닮은 얼굴이
무뎌진 시간을 짚고

연둣빛 싱그러운 삶을 읽는다

서릿발처럼 차가운 창백한 밤
어둠에 기대 길을 묻는
나에게
하얀 마음이 내 언 손을 잡는다

나는 풍선처럼 부풀어
야윈 영혼 거머쥐고
종이비행기처럼
하얀 마음 위를 꿈꾸듯 떠다닌다

비에 젖은 창 밖의 침묵이
인고의 삶 뚜껑을 깬다
옴츠린 무릎을 펴고
어린 날갯짓으로 하늘을 걷는다

나는 하얀 마음을 사랑한다
그리고 사월을 사랑한다
새싹처럼 파릇한 시를 사랑한다
그 시를 짓는 늙은 시인을 사랑한다

## 나는 무엇인가

태곳적 신비로움 그대로

맨발로 이 땅을 밟은
내 안의 도담도담
옹색한 요람이 들썩거렸다

날 선 바람 무릎에 앉히고
잃어버린 발걸음
애간장 녹인 조바심
뜬눈 비벼 지새웠던 기억들

거미줄 감긴 괴로움 견뎌 준 당신
허물 벗은 매미처럼
후루룩 떠난
빈 둥지가 산사처럼 적적하다

길 떠난 그리움이 걸어오면
텅 빈 가슴 적시며
나는 무엇인가?
쓸쓸한 밥상에 혼자 수저를 든다

## 머나먼 길

석양의 바다 멀리 수평선 위에
노을 옷 곱게 입은
그림자 하나
움켜쥔 이승의 끈 나풀거린다

두고 가는 아쉬운 미련
허무하게 버려둔 채
적적한 밤 촛불 켜고
국화 향 섞은 이별주로 목을 축인다

팽팽하게 잡아당긴
억척의 삶
향불 연기
한 가닥에 잠을 재우고

끝도 한도 없는
머나먼 길을
그리운 임을 두고
뚜벅뚜벅 나 홀로 걸어간다

## 새 가을

한여름 빛깔 흠뻑 젖은
이글이글 불볕더위
도도한 열정
오뉴월 싱그러움에 눈이 맞는다

만삭의 뒤늦은 무더위가
가쁜 숨 몰아쉬며
농익은 석류 생살 터지는

새빨간 고통으로 산고를 겪는데

귀뚜라미 선율旋律 따라온
눈치 빠른 소슬바람
해산 자리 짚을 깔고
밤 사이 선선한 가을을 낳는다

창공 높이 걸린 산 그림 한 폭
흩뿌린 오색물감 둘러쓰고
낮달을 문안 온 조각구름 사이로
떼지은 기러기가 그림을 그리며 간다

들녘 허수아비 노란 옷자락
바람에 날려
푸른 들판을 황금빛 물들고
땀 심은 농심이 노랗게 영글어 간다

# 송 낙 현

서울 남산에 올라

숨구멍

아픔을 넘어 미래로

어느 날 문득 깨닫다

여행

경북 군위 출생
『예술세계』〈시〉로 등단
시집 『바람에 앉아』
『강물도 역사를 쓴다』
『안개 속에서 떠오르는 해』
제21회 영랑문학상 본상, 제4회 경맥문학상, 제16회 시
세계문학상 본상, 제28회 순수문학상 대상, 제20회 산
문학상 수상

# 서울 남산에 올라

가끔 서울의 한가운데에 자리 잡은 남산에 올라
대한민국 수도 서울을 바라본다 서울은 동서남북 사면이
크고 작은 산으로* 병풍처럼 둘러 쌓여 있는 평지로,
그 평지 중심부를 가로질러 널따란 한강이 동서로 흐르고
이 강을 중심으로 강북에는 청계천, 강남에는 양재천이 흐르며,
봄 여름 가을 겨울 사계가 선명하고 심한 자연재해도 없이
평온하고 아늑한 천혜의 살기 좋은 도시이다

뉴욕 등 세계 대 도시와도 어깨를 견줄 만큼 큰 도시이며
오랜 전통과 문화가 숨쉬고 있고 살아 생동하는 도시이다
육칠십여 년 전에 남산에 올라와 바라본 서울과 지금의 서울을
비교하면 믿기지 않을 정도의 엄청난 놀라운 발전을 했다는
것을 눈으로 볼 수 있다 서울은 지금도 나날이 발전하고
있으며 국력은 세계로 계속해서 뻗어 나가고 있다

이렇게 좋은 서울에 산다는 것은 얼마나 커다란 축복인가

서울을 여행하는 님들이여, 서울에 오시면 남산에는 꼭 한번
올라 보시라 남산에 올라 보면 서울이 한눈에 보이나니
서울의 활기찬 모습, 서울의 발전하는 모습, 나날이 뻗어
나가는 대한민국의 미래를 보고 가시라

서울에 살고 있는 사람이여, 남산에 올라 보자
사방으로 펼쳐있는 눈부신 서울을 둘러보자
살기 좋은 이 땅을 더 잘 가꾸어 후대에 물려주자
다시금 힘차게 이 땅을 가꾸자

남산에 올라 서울을 바라보자
자랑스런 서울을 바라보자

*북쪽으로는 인왕산, 북한산, 도봉산, 동쪽으로는 수락산, 불암산, 아차산, 남쪽으로는 대모산, 구룡산, 관악산, 서쪽으로는 청계산, 안산 등 사방이 산으로 둘러싸여 있다.


## 숨구멍

건축 현장의 가림막 천에는

여기저기 구멍이 있다
가림막이 바람에 넘어지지 않도록
뚫어 놓은 바람의 길, 숨구멍이다

어린 손주가 편의점 앞을 지날 때
유독 할아버지에게만 떼를 쓰는 건
할아버지가 숨구멍이기 때문이다

## 아픔을 넘어 미래로

우리가 살아가는 세상에
아픔 없는 세상이 있을까

세상 어디에도 그런 곳은 없을 것이다
아픔은 곳곳에 뱀처럼 똬리를 틀고 있다

아픔 없는 곳을 찾지 말라
아픔 없는 것을 바라지 말라
아픔이 있으면 있는 대로 진단하고 처방하고
있는 힘을 다해 그냥 딛고 넘어가면 된다

이를 악물고 참고 견디며
아픔을 넘어가자
아픔을 넘어 미래로 가자

겨울철 빙판길
꾸불꾸불 한계령 옛길도
무사히 넘어가듯이…


## 어느 날 문득 깨닫다

겨울과 봄 사이

함께 살아 온 많은 지인들이
마치 늦여름 매미가 뚝뚝 땅에
떨어지듯이 그렇게 떠나가는걸
애도하면서

'올림픽 경기에서의 마라톤은
일등이 최고이지만, 인생 마라톤에서는
꼴찌가 최고라는 것을'

어느 날 문득 깨닫다


## 여행

3년여간 코로나에 억눌렸던 심경이 해제되면서
집을 떠나 여행길에 오른 사람이 참으로 많다
주말이면 휴양지로 향하는 차량 행렬이 고속도로를

가득 메우고 인천공항에는 해외로 떠나는 여행객이
붐비고 있다 한다

여행은 일상에서 벗어 나 새로운 환경에 접하고
새로운 아이디어를 창출하며 새로운 활력을 온 몸에
주입하는 것으로 떠날 때는 언제나 기쁨에 들떠 있다
그러나 차츰 지나면 하루빨리 집으로 가고 싶어진다
집이 최고로 안락한 곳이라는 것을 깨닫게 한다
모든 여행은 결국은 집으로 돌아가야 할 이유를
내포하고 있다

여행은 지금 자기가 살고 있는 집이 최상의 안락하고
행복한 집이라는 것을 가르쳐 준다
여행은 그래서 중요하다

# 엄 태 정

그늘, "그 과분한 있음"

오궁길

은행잎

티르구지우 앙상블

한여름 낯선 자

경북 문경 출생. 서울대학교 미술대학 조소과 졸업. 서울대학교 교육대학원 졸업. 영국 Saint Martins 미술대학 대학원 조소연구. 서울대학교 미술대학 조소과 교수. 독일 베를린 예술대학 연구교수(The Berlin University of the Arts). 현재 서울대학교 명예교수. 국제PEN한국본부 회원. 대한민국 예술원, 순수문학인협회 회원

# 그늘, "그 과분한 있음"

그늘은 낮의 밤이다
그늘은 처음과 나중이다
그늘은 무거운 침묵의 고요한 공간이다
누구도 들어올릴 수 없는
그늘의 무거움은 결코 가볍지 않다
모든 그늘은 사물을 들고 다니다가
스스로 만난다

그늘은 스스로를 환히 밝히면서
현존 속으로 해방된다
오로지 그늘만으로
독립적으로 존재할 수 있는
그늘의 시원을 만난다면

그늘의 본질은 무엇인가?
그늘의 삶은 부족함이 없다
그늘로 완전하고 만족스럽다
그늘은 그늘만을 이루고
그늘만을 관계한다
그늘은 보호 받고자 하는
내적 존재를 원하지 않는다

그늘은 결코 허상이 아니다
그늘로 존재하는

거짓 없이 평화로운
그늘만의 본질을 지녔다

언제라도 그늘은
그늘이 원하는 곳에
자유로운 장소에 있다

연못가 풀섶 그늘에
매미 허물은
매미의 그늘이다
이같이 있음의 그늘은
없음이 아니고 비움이다

그늘은 일시적으로 나를 떠나 있다가
반드시 돌아온다
그늘은 나의 다른 측면을 향하여
언제나 있음이다
삶의 그늘은 쉼이다

그늘은 어떤 구속으로부터
자유롭게 벗어나 있어
열린 창의 구속 없는 전체 속으로
넘쳐흐를 수 있는
그런 내면세계공간이다

그늘의 실체 너머에서 흐르는

"과분한 있음"의 그늘이다.

## 오궁길

금덩산 자락 밤나무 숲길
오궁길 따라 우리 동네길입니다
이름 모를 내 이웃들이 지나다니는 길
이 세상에 하나밖에 없는 그 길에
나도 함께 삽니다

올해도 높은 하늘은 가을을 베풀러 대지에 내려옵니다
밤나무 숲길 따라 가을 맞으러
흥법사 가는 길에 밤 한톨이 눈이 띄니
그 속에 가을이 담겨 나를 반깁니다

지난 여름 햇님
고마운 뜨거운 햇살에 백일홍과 함께
행복했던 계절- 밤나무 숲 길
그 여름은 지금쯤 어디에 가 있을까?
하늘의 마법은 계절에 순응 하느라 늘 바쁘며 서두르는 것 같습니다
머무를지 모르는 시간의 또 다른 신적 아름다움의
영혼을 불러 와야 하니까요

산전수전 다 겪은 하늘의 섭리는

오디세우스처럼 영원히 계절을 되살립니다

늘 신비로운 바람따라 구름따라 걷고 또 걸으며 덧없이 지나는 길
내가 사는 오궁길은 소중한 내 벗길 주인 없는 객정(客亭)입니다
내 삶의 환희에서 또 저넘어 더큰 환희를 이끌어내어 머무를 것이기 때문입니다

기쁜일도 슬픈일도, 외롭고 그리운 일도
오궁길은 내 영혼이 행복했던 날들
내 이웃과 서로 미소짓는 친절한 얼굴에서
이렇게 오궁길은 늘 이모습 이대로
새로운 표상을 만들어갈 영원한 길이 되기를 바랍니다

이제 오궁길은 영원한 시간 속에
보이는 것과 느껴지는 것이 이야기로 응축되는
향기로운 세상길로 빛날 것입니다.

## 은행잎

단아한 은행잎 하나
고운 단풍 되어
나들이 했나

집 떠나 바람에 실려 왔네
차창에 끼여
문 열고 들려는 듯

짝들은 다 어쩌고
혼자 바삐
차비 차렸나
그리워 머물던 집 찾나

애써 찾아간들
어쩔꼬

매정한 세월 탓만
무성해 질라
걱정이네

짝들과 한때 풍요롭게
즐겨 살던 내 집
영영 잊어져
온데간데없어 서운하여라
누가 시간이 무한하다 했나
거기가 엉성한 가지만
썰렁한 채, 벌거벗었네.

## 티르구지우 앙상블

공간의 새
만연한 푸른 하늘에
새털 구름되어 노는데

무한주
은밀한 베일
아우라에 감싸여
대지에 내리니

할 일 잃은
침묵의 데이블 텅 비어
입맞춤의 문 열어두고
해가 저문다

2023. 12. 24.
暮歲
엄 태 정

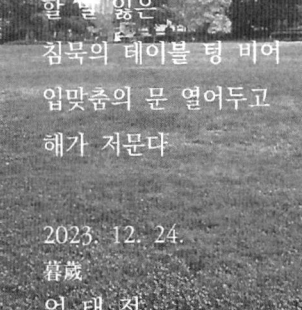

1) 루마니아 작은도시. 현대조각의 아버지라 불리는 콘스탄틴 브랑쿠시의 생가가 있는 도시. 그 도시 공원에 설치된 모뉴멘트-「무한주」,「침묵의 테이블」,「입맞춤의 문」 앙상블. 유네스코에 등재된 세계문화 유산임(2024)

## 한여름 낯선 자

백일홍은 그냥 피는 꽃이 아니다
한여름 고뇌의 뜨거운 태양의 격정이 혼이 되었다

칠월칠석 기다리던 하늘의 마법의 친밀성이
하늘과 땅이 되어 이들은 우주를 하늘로 연결해주는
백일홍은 그대의 영혼이 나를 깨운다

하늘은 이들이 놀이하듯 그날을 사물들로 변신시켜
나와 긴밀한 관계를 열고 할 말 없이 중얼거린다

7월 7석은 슬프고도 기쁜 날이다
신비롭거나 시적 세계 관계는 나와 사물이 깊은 공감으로 만난다
얼마나 더 내가 슬프고 기쁠까?

백일홍이 피면 사랑했던 그 사람을
만날지도 모른다는 은근한 기대감으로
그 꽃의 격정이 그 영혼에 담겨 중얼거린다
올해도 백일홍의 밍령이 마법처럼 나를 사로잡는다

천상의 나라에서 귀환할 계절의 순례자
　백일홍은 은하수 아득한 저녁노을 별이 되어 거기
있음의 신비일 뿐이며,
　내 어머니 모습이라고

　이렇게 말해진다면
　백일홍은 낯선 자가 되어 기도나 황홀경 속에서
　이룰 수 있는 높은 신적 격정에서 신적 자연의
　고요한 아름다움을 전해주고 하루가 아쉬워 머물다
간다

　백일홍이 피면
　나는 그립고 슬픈 옛날로 돌아가고 싶다
　거기서 얼마나 더 그 반가운 시선에 응답할까?
　그저 그것들은 나를 바라보지도 않고
　말을 걸지도 않는다 그것들은 더 이상 그대가 아니며
　그저 침묵하는 것에 불과하다

　칠월칠석 날 슬프고 기쁜 날에는
　누가 알겠는가?
　밤낮 촛불을 켜놓고 백일홍에 담긴 그날과
　그 세계의 신비가 아우라로 나타나 내가 그 속에
　감싸여 있을지?
　그 있음의 신비 속에 참여하는 '최소한의 아니마'란
단순한 모나드 영혼,
　어떤 정신도 건드리지 못하는 무성적 영혼이다

아우라는 세계를 저 우주로 하늘로 끌어 올리는 광채가
아우라가 되어 백일홍을 직조해내는 은밀한 영혼이다.

올해도 칠월칠석 슬프고 기쁜날은
'무지의 기억'의 서사적 이미지로 영혼의 아우라를 지니고
배롱나무 꽃의 영혼이 내 마음에
그리움으로 응축되는 향기로운 그릇이 된다.

2024년 7월 7석 (음력)
31주기 모친 기일에 추모시

# 오 대 환

| 메꽃 사랑
| 존재와 본질
| 요즘 김밥
| 살구
| 뿌리 논쟁

한국문인협회, 筆동인, 광화문사랑방시, 대표에세이, 안양문인협회, 각 회원. 2013 순수문학 시 등단, 영랑문학상 우수상, 2021 월간문학 수필 등단. 2020~21중앙시조백일장 2회입상. 시집, 수필집 각 2권. 고려대 농화학과, 제12회(76)기술고시농림직, 농림부퇴직

## 메꽃 사랑

벌·나비, 산새들 짝지어 노니는 봄
발그레한 얼굴로 허리를 배배 꼬며
옷고름 풀고 있으면 어쩌란 말이냐!

눈부신 초록바다 봄바람 살랑살랑
꽃불 지핀 노을에 순정을 피워올려
진분홍 촉촉 맨얼굴 어쩌란 말이냐!

아련한 꿈결 속에 못다 한 이 내 사랑
아~ 덧없이 흘러간 아득한 봄날이여
그때는 왜 몰랐을까, 한 번뿐인 청춘을


## 존재와 본질

장맛비 멎고 날이 들자, 쌍개천 다리 밑
맑아진 물에 잉어 떼가 한결 활기차다
그 거친 물살을 대체
어떻게 견뎠을까?
내려가면 더 큰 세상 잘 알고 있으련만
번듯한 은신처 하나 없이 허전한 곳에
목숨을 거는 까닭이 무엇인지 궁금했다

산책길에 다리 위서 무심코 내려다보니
사방에서 물고기가 입 벌리며 몰려온다
오호라! 이거였구나!
편하게 먹고살기
그래, 어디 간들 자리싸움은 있을 테고
먹고살기 편하면 그게 최고 아니겠나?
'왜'라며 자꾸 따지는 건 배부른 짓이지


## 요즘 김밥

당근 우엉 시금치에 고기를 넣은 김밥
두 줄에 3달러짜리가 매일 품절이라고
미국서 식품점 하는 동창녀석 자랑이다
테이크아웃 매출이 갈수록 커진단다
균형 잡힌 영양으로 다이어트에 좋고
설거지 안 해 편하고
쓰레기 없어 1석 3조
중산층 맞벌이 타운에서 떡볶이와 함께
폭발적 인기라며 만날 때마다 싱글벙글

나 역시
게으르고 싶을 때
김밥 두 줄로
만세다

## 살구

아파트 화단 모퉁이에
살구나무 한 그루
꽃 지고 잎 피면서 무심코 지났는데
어느새 노오란 살구
입안 가득 침 고이네

책보 멘 등굣길에
꼴깍꼴깍 침 흘리며
얄밉게 바라봤던 철이네 살구나무
눈 감고
걸어가 보는
시큼한 추억 산책

## 뿌리 논쟁

"민지 아빠는 할머니 아들이야"
「아냐, 아빠야, 민지 꺼」
"민지 엄마는 출근했지? 아빠의 엄마가 할머니야"
「아냐. 가, 가」하며 할미를 밀어내고
제 옆자리에 할배를 불러 앉힌다
"아빠는 할아버지의 아들이야" 할미가 반박하자
「아냐, 민지 꺼, 아빠」
말문 트는 손녀와 할미의 논쟁이 뜨겁다

살아있는 원조 앞에 대항하는 깜찍함
모태 언어라도 알았으면 좋으련만 방도가 없다
논쟁의 요체는 '존재의 집' 집터 잡기

평생 먹은 우물에 침 뱉으며
국부(國父)논쟁 뜨겁고
과거사를 진영 다툼 소재로 끌어 쓰는
혼란스런 요즘 우리,
딱하다, 아직도 집터 잡기 못 끝낸
파리올림픽 8위, 대한민국

# 오 정 선

호우주의보

밖에는 · 2

추억을 되새기며

무더위 · 1

칠월은 떠나려고 하고

제주 출생. 한국문인 시 등단. 한국문인협회 회원. 한국여성문학인회 회원. 순수문학인회 이사. 영주문학회 부회장. 한국문인제주지회 회원. 시집 **《무지개보다도 더 고운 빛깔》 《나의 노래 제주의 새벽》**. 수상; 제 27회 시 부문 영랑문학상 우수상

## 호우주의보

벌겋게 화상을 입었던 온 누리에 부지런히 냉수 마찰을 하여주네

뜨겁게 달구어졌던 콘크리트벽 울담의 열기도 식혀주니 어찌 고맙지 않을소냐

내일은 오일시장에 가서 검은 콩국수 한 그릇 뚝딱---, 후루룩 식도로 넘겨야 하는데

비야 비야  내일은 말끔히 멈추어다오.

## 밖에는 · 2

물큰물큰 햇볕 쏟아지는 거리를 나 혼자 뚜벅뚜벅 걸었다

우람하고 육중한 체구를 가진 녹음이 짙은 조팝나무를 올려다 보며 콧노래 흥얼거린다

등허리에는 땀방울이 주루룩 흘러내리고 뭇 사람이 먹다 버린 쓰레기는 개미 떼가 모여 핥아먹느라 분주함을 보았네

그늘을 만들어 주며 좀 쉬었다 가라고 반기는 저 조팝나무는

미움도 슬픔도 어디로인가 모두 흘러 보내고 저 혼자만씩 느긋한 마음을 키운다

태양이 기울면 달빛 별빛이 고스란히 내려앉아 밝혀 주는 것은

마치 유년시절 내 동무였던 호롱불 같구려.

## 추억을 되새기며

열기 가득한데 어찌 담배를 줄곧 피는지 그 이유 알고 싶소

눈을 감아도 눈을 떠도 나의 우렁찬 기도 소리는 방방곡곡을 누빌 것이니

발자국 남기고 머물렀던 추억의 흔적이 되살아나는 칠월 중순에

길 잃은 꾀꼬리 더위를 먹었는지 이리저리 허공을 방황하네.

## 무더위 · 1

태워버릴 듯한 불꽃같은 햇볕이 잔혹하리 만큼 온 누리에 퍼지면

길 가던 나그네 길을 물어볼 기운도 없는 듯 기진맥진하게 보이고

선풍기와 에어컨만이 불티나게 팔리면

어화 둥둥 얼씨구 절씨구 대박이라 풍년이라.

## 칠월은 떠나려고 하고

웃듯 비웃듯한 칠월은 웃으면서 비웃으면서 떠나려고 채비를 하고

팔월은 더욱 뜨거운 몸짓으로 찾아오려고 있는 힘을 다하여 대기하고 있고

갓 태어난 송아지 일어서자마자 어미 소 젖을 빨며 즐거워 음~매~ 노래 부르네

어여쁘고 복스러운 우리 손녀 그네 타는 즐거움이 만리를 향하여 기쁨 듬뿍 담아내네.

# 오 종 민

여명

신의 영역

우주

별

별나라

한국문인협회, 한국현대시인협회, 국제계관시인연합한국본부, 국제PEN한국본부, 필동인, 문예춘추 회원. 제27회 영랑문학상 수상. 고려대학교 영어영문학과 졸업. ㈜선경(現SK) 과장. ㈜갑을 부장, 충남방적㈜ 베트남 호찌민 영업소장 역임, 시집:『노을』

## 여명

누가 태양을 몰고 오나
하늘이 조금씩 열리고 있다
검푸른 하늘에서 반짝이던
별들이 서서히 빛을 잃어 가고

모든 것이 새로 시작되는 거룩한 시간
어둠 속에서 뒤척이던 몸
가만히 자리에서 일어나
조용히 무릎 꿇고 두 손 모은다

오늘도 새로운 하루가 시작된다
늘 똑같은 것 같지만 또 다른 하루
오늘은 오늘의 새로운 역사를 쓰자

두 팔 크게 벌리고
희미하게 밝아 오는 하늘을 끌어안는다.

## 신의 영역

까마득한 옛날
엄청난 폭발과 함께 별들이 태어났단다
그 어마어마한 폭발물은 어디서 왔는지
누가 폭발 스위치를 눌렀는지

그 별들 가운데 하나만
영원히 꺼지지 않는 횃불로 타오르고
나머지 별들은 그 주위를 맴돌고

우리가 사는 별은 절묘한 각도로 기울어
스스로 돌면서 빛과 어둠이 나뉘고
봄 여름 가을 겨울 사계를 만들어낸다

그런데 어째서 다른 별 어디에도
우리의 친구가 없을까

도무지 알 수 없는
인간의 언어로는 풀어낼 수 없는
신의 영역이 있다.


## 우주

태양이 나를 돌고 있는 줄 알았더니
내가 태양을 돌고 있었다

태양만이 우주를 밝히는 횃불인 줄 알았더니
수많은 별들 모두 우주를 밝히고 있었다

우리가 은하의 중심인 줄 알았더니
한쪽 구석에 자리잡고 있단다

저 수많은 별빛은
지구가 태어나기도 전부터
그 오랜 세월 먼 길을 달려오고 있었다니
알면 알수록 알 수 없는 우주의 신비.

## 별

저 별은 무슨 슬픈 사연 있어
파란 눈을 계속 깜빡이고 있을까

그 무슨 애절한 사연 있어
밤마다 저리도 서럽게 눈물 흘리며
가슴이 미어지는 서글픈 이야기를
끊임없이 속삭이고 있을까

가만히 귀 기울여 보아도
들릴 듯 들리지 않는 간절한 목소리

험한 세상 살다가
하늘로 올라가 별이 된 영혼들이
못다 한 이야기를 눈물 속에
끊임없이 들려주고 있는 듯.

# 별나라

아득히 먼 저 별나라
우주선을 타고서는 갈 수 없어

나 죽어서
무거운 육체의 껍질을 벗어 놓고
깃털처럼 가벼워진 영혼이
날개조차 거추장스러운 날렵한 몸으로
빛보다 빠른 속도로 별나라로 날아가리

거기 한 줌의 슬픔도 없는
지극히 아름답고 평화로운 곳
먼저 가서 별이 되신
가슴 저리도록 그리운 님들을 만나
못다 한 이야기 함께 나누리

나도 반짝반짝 다정하게
남겨 두고 온 님들을 향해 손을 흔들리
꿈 같은 별나라 이야기 들려주면서.

# 유 장 희

| 과줄
| 규암마을
| 노비따스 학교
| 하삐
| 호우(豪雨)

 한국문인협회 회원, 순수문학인협회 회원, 순수문학 2022년 등단, KIEP 원장, 이대부총장, 국민경제자문회의 부의장, POSCO 이사회 의장, 동반성장위원장, 국제로타리 3650 총재 역임, (현)대한민국학술원 회원, (현)국가원로회의 공동의장

## 과줄

어떤게 우리말일까
과줄인가 약과(藥果)인가
밀가루, 조청꿀, 참기름, 소금,
생강, 계피, 후추까지
갖은 미각을 모두 담아서
반죽으로 시작된다

국화의 얼굴일 때도 있고
금당화의 모습일 때도 있다
아무튼 어머니의 손맛을 그려
예쁜 모습으로
과줄은 탄생한다

기다림이 그 맛을 둥글게 해 줄까
적어도 과줄은 하루를 기다려야
잔칫상에 올릴 수 있다
그 향기와 그 맛을 그려보며
하루라는 시간은
과줄의 비밀을 두껍게 한다

오묘한 향기를 그리는 것만으로도
과줄은 우리 맘을 녹여주므로
약과(藥果)라고도
부르는가 보다

## 규암마을*

흑백영화를 뒤로 돌리면
우리들의 옛 모습이 보인다
무엇이 그리 재미있는지
사람들은 느릿느릿 걸으면서
웃음 섞인 대화를 나눈다

오일장이 열렸나 보다
모두들 등에 무슨 봇짐을 지고
지게를 지고 가는 이도 있고
마을 한가운데를 향해
느린 동작으로
손짓하며 움직이는데

거리에는 이들을 맞이하며
쉬었다 가라고 외치는
동네 토박이 상인들도 눈에 띈다
춤사위를 보고 가라고
새로 만든 옷들을 보고 가라고
재밌는 굿거리를 잠시 감상하라고
사진 한 장 찍고 가라고
막걸리 한잔 들고 가라고

규암마을 100년의 역사는
백마강 길이만큼이나 긴데

나라의 고달팠던 살림살이의
소상한 내역은 흑백영화에서
볼 수가 없다
무성영화라 소리도 없다

다만 긴 세월을 달려온
겨레의 기억력 속에
풍운을 이겨내며 서 있는
이안당 (易安堂) 처마 끝마다
슬픈 민족의 역사가
묵묵히 박혀 있다.

규암마을 자온길 (自溫路)을 걸어보라
그대의 가슴은 어느덧
뜨거워져 있을 것을.

(*규암마을은 백제의 수도 부여를 흐르는 백마강의 강변마을로 민족의 삶을 고스란히 담고 있는 조용한 추억의 터전이다.)

## 노비따스 학교

경기도 가평에 가면
노비따스 음악학교가 있다

베네수엘라 빈민가에서
엘시스테마 악단이 탄생했고

내전이 치열한 수단에서
이태석 브라스밴드가
고고성을 울렸듯이

기댈 곳 없는 소녀들을 모아
새로운 (노비따스) 소리를 만들어 내는
대안학교가 섰다

어린 소녀들의 마음속에
절망의 그림자가 너울거릴 때
하늘은 이들에게
희망을 선사했다

노비따스에서 울려 나오는
희망의 화음은
비록 낮지만 꿈을 심어주고
비록 작지만 힘을 길러준다

엠마오 도상에서 들은 소리는
분명히 생명의 소리요
희망의 목소리였다

가평에 가 보세요
엠마오의 목소리가 들려요.

## 하삐

내 손자는 천재다
할아버지를 하삐라 부른다
얼마나 경제적인가
네 글자가 필요 없다
두 글자면 충분하다

녀석의 관찰력은
못 말린다
어쩌다 내가 안경을 벗고 있으면
앞에 와서 야단야단이다
어서 안경을 쓰라는 것이다

내 손자는 미스코리아
심사위원이다
예쁜 아줌마가 다가오면
얼른 다가가면서
못생긴 아줌마가 오면
눈을 손으로 가리고
멀리 달아난다

녀석의 장래는 뭘까
군인, 경찰, 아니면 소방요원인가
길 가다가 이들을 보면
무조건 경례다

그리고 그들의 뺏지를
무지 좋아한다

5개월 후면 만 세 살이 되는데
그 땐 말을 제법 한댄다
그때가 되면
하삐가 꼭 묻고 싶은게 있다
왜 내가 안경을 벗으면
그리 야단을 쳤는지
세상을 대충 보지 말고
자세히 그리고 옳게 보라는
하늘의 지시를
혹시 대변한건 아니었는지

성경에 이르기를
천국에 들어가려면
먼저
어린아이가 되라고 했다
그래서 내 손자와 나는
"베프"가 되어가고
있나보다


## 호우(豪雨)

하늘에는 분명

곳간이 있네

그 많은 물덩어리를
품고 있다가 이렇게
한순간에 땅으로 분출하네

그 곳간을 다스리시는 분이
누구신가
노아에게 방주를 준비하라고
명령하신 바로
그 분인가

땅에는
씻어 낼 허물이 너무 많아
이슬비로는 감당이 안 되네
눈(雪)으로 덮는건
그냥 쉽게 색칠하는 것일 뿐

인간이 가는 길은 진흙탕 길
하늘이 원하는건 고요한 산길
해가 동천에서 다시 뜨고
순풍은 나뭇가지를 쓰다듬으며
새들은 예전대로 미성을 뽐낸다

큰 물길이 허물을 씻어내어
그곳에 고요한 산길이

모네의 아이리스 그림처럼
다시 그려지면

아! 우리는 이제 가슴의
굴레를 던져 버리고
새로운 깨달음을 얻으리
호우의 숨은 뜻을 간직하리.

# 윤 수 자

꿈을 실은 얼레 실타래

고향 하늘 안에 그리운 모습

섹시한 교감

하늘이시여

오월의 썰물 유월의 밀물

월간 순수문학 시 부분 등단
순수문학인협회 회원, 글벗 문학회원
일본 동경 서도예술학회 초대그룹전시회
서울 시립미술관 동양국제서예 초대 교류 전시
서울 예술의전당 공모전 전시
한국 국제살롱전 초대작가
창작 시 유한근 교수님 시화전 전시
서화 공모전 다수 수상

## 꿈을 실은 얼레 실타래

희망의 꿈 너를 품고
질풍노도의 길을 달려왔다

바람이 부는 날에도
꽃이 피는 날에도

실타래 얼레에 너를 실어
맘껏 풀어줄 때

너는 파랑새 찾아
높이높이 올랐지

너는 내 삶의 유일한
반짝임이었어

반짝임의 끈으로
버텨 온 관계의 끈은

이제 점점 옅어져가는 잔인함에
곁눈질하며
놓아 주는 연습으로
해 저무는 줄 모른다

# 고향 하늘 안에 그리운 모습

반가움에 달려가 와락 안고 보니
세파가 훑고 간 그의 모습이 낯설다

푸릇한 모습은 간데 없고
세월의 훈장 주름골엔 웃음 반 고뇌 반

푸른빛을 보이는 눈빛만은
동심으로 맑게 젖어
하회탈로 탈바꿈하여 마주본다

투박한 손 못박힌 손바닥엔
농촌 먹거리가 그려져 있고

구리빛 얼굴엔 땀방울 자국이
화석처럼 주저앉아 있다

무채색의 흰 머리카락 휘날림은
근사한 인생 화보의 그림이고

그 위에 떠오르는 하얗고 윤기나는
나의 모습은 민망하여 고개 숙인다

## 섹시한 교감

각각의 채색 물들이고
우아하게 등장한 봄날의 무대

꽃은 사람을 바라보고
사람은 꽃을 바라보며

서로의 교감으로
섹시한 웃음 건넨다

양귀비! 그대 매혹에 감전되어
말을 건네지 못하겠소

튜울립! 그대의 몽실한 얼굴에
입맞춤이라도 하고 싶소만

흠집 낼까 두려워
눈인사로 대신하려 하네

그대들의 향기와 자태는
봄바람 교향곡에 실려 퍼져납니다

## 하늘이시여

어제의 삶을 마감한 동절기는
오늘의 봄날로 환생하듯
새싹을 틔우는 거사를 치루고 있습니다

봄날의 생동감은
세상 모두의 희망입니다
지구촌 어디라도 먼지 뚫고 피어오르라

배고파 쓰러지는 이 없도록
총탄에 맞아 쓰러지는 이 없도록
그들에게 봄의 기운으로 희망을 주소서

독풀도 새싹은 약이 되듯이
온누리에 싹을 틔우고 있을
넘치는 봄 기운으로

국가에는 평화를
각 가정에는 사랑과 행복을
맘껏 누리게 하소서 하늘이시여

## 오월의 썰물 유월의 밀물

갓 세수한 청년같은 오월은
붉은 열정의 사랑 끝내고

원숙한 여인같은 유월이
사뿐이 발 들여든다

하늘엔 너울너울 구름 자태가
요염하고 풍만한데

담장 능소화가 흐드러지는 수다에
양갓집 규수들 모여들고

산수국이 정갈한 오솔길엔
초여름 내음이 휘감는다

밀려가고 밀려오는 계절 인연에
쌓여가는 연륜은 마디마디 농익어

유월 조팝꽃 흰무리에 묻혀
향기에 흠뻑 취해 보리라

# 윤 호 용

마음달

화나게 만든다

선 넘지 마라

울고 웃는 진실과 거짓

울다가 웃다가 끝났다

월간 순수문학 등단. 1966년 6월 2일 충청북도 청주에서 태어남. 한세대학교 목대원. 알래스카 은혜와 평강 순복음 교회 담임 목사. 알래스카 교회 연합회 회장 역임. 순복음 세계선교회 북미총회 부총회장. 기독교 신문 칼럼니스트(시애틀 17년째). 애틀란타 크리스찬 타임스 칼럼니스트. 저서 『알래스카에서 하나님 나라를 꿈꾸다』 (토기장이)

## 마음달

좋을 때는 차고 넘치지만
나쁠 때는 숨고 감추는 마음달
밤하늘 호숫가에 비추는
아픈 사연, 눈물의 시간들

말도 많고 탈도 많아
걸리는 곳도 많은데
내 마음에도 걸리어
안팎 그림자만 가득 드리우네

마음달의 반은 기뻐하며
열려 환해서 좋아라 하고
나머지 반은 아파하며
닫혀 어두워 싫어라 하네

마음 아파 파인 조각달
내 마음 안다 하며
성난 가시 같은 모양을 채워주며
둥근 달 되기까지 쓴웃음 지으며
무언의 동무하자 하네

마음 가는데 달도 함께 가네
보름달이 마음 둥글게 살며
가득 찬 달이 밝게 웃으라 하네

밤은 어두움을 보이는데
맘은 아픔을 모으고
달은 아파도 같이 가자며
밝아올 새벽을 노래하네

언제나 자기 시간에
뜨고 채우고 지는
둥근 달은 우리를 원하는데
마음달은 드러내기 바빠
가득 채우지도
맘껏 비우지도 못하네

마음달은
말 안 되는 세상이라 투정해도
둥근달은 괜찮다며
밝은 세상 다시 온다 말하네

## 화나게 만든다

상처가 커서 아픈 것이 아니라
따가워서 자꾸 생각난다
약을 뿌렸는데도
빈 틈을 찾아 물렸다는 것이
기분 나쁘게 만든다

많고 많은 사람중에
하필이면 나를 좋아한다고
착각하게 만드는 것이
정말 화나게 만든다

뻔히 알면서도
쏘이고 또 쏘이는데
잡히지 않는다는 것이
그 자리를 뜨게 만든다

물린 자리가 부어 올라
사랑하는 사이도 아닌데
자꾸 자꾸 오랫동안
생각나게 만든다

물릴 때는 크다고 느끼는데
잡으려고 하면 작고도 빨라
아무리 눈을 크게 떠도 안 보이고
눈과 몸을 피곤하게 만든다

# 선 넘지 마라

말에도 지켜야 할 선이 있고
행동에도 넘지 말아야 할 선이 있다
그 선이 이어졌다

그 선이 끊어졌다

한 줄로
때로는 두 줄로 나란히
흰색으로
때로는 노란색으로

이어진 선은
남의 길이니 넘보지 마라
끊어진 선은
앞을 잘 보고 조심해서 넘어라

두껍게,
그리고 진하게 새겨진 선은
짙은 안개 앞을 가려도
기웃거리는 인생 살지 마라
때로는 굽은 길이 안전길이다

## 울고 웃는 진실과 거짓

진실은
어디에 다 숨었나
나의 말에서도,
너의 말에서도
들을 수가 없어서 거짓이 웃네

거짓은
어디에도 숨지 않는다
나의 행동에서도
너의 행동에서도
찾을 수가 없어서 진실이 우네

이득이 되면 옳고
손해가 되면 틀린 세상을 사니
진실과 거짓도
서로 옳다고 웃고 틀렸다고 운다네

## 울다가 웃다가 끝났다

세상은 불공평하다
나는 우는데 많은 사람은 웃는다
그것도 아주 크게 웃는다
이해할 수 없지만 나는 계속 울어야 했다

시간이 흐르고
불공평한 세상에 나도 웃는다
누군가는 아프다고 울고
배고프다고 우는데
난 기뻐서 웃고 좋아서 웃는다

울고 웃는 시간이 흘러

내가 우는데 남들은 행복해 보였다
내가 사랑 때문에 울고
미운 정 때문에 우는데
누군가는 사랑 때문에 웃고
고운 정 때문에 웃는다

세상은 정말 불공평하다
난 아파도 웃는데
많은 사람들이 나를 바라보고 운다
그것도 아주 크게 슬피 운다
왜 사람들이 우는지 이해할 수 있지만
나는 아무것도 할 수 있는 것이 없다

아무리 기쁘고 즐겁고 웃어도
때론 아프고 슬프고 울어도
그 누구도 대신할 수 없는 길을 간다

# 이 상 은

하지(夏至)날에

8월의 첫날 아침에

시와 벗 그리고 삶

풍류(風流)

인생의 스승과 주인

월간 순수문학 등단. 한국문인협회 회원. 성균관대학교 동양철학과 박사/상지대 인문사회대 학장, 대학원장/동양철학연구회, 한국석전학회 부회장/현 상지대 중국학과 명예교수/저서 『중국의 종교와 자연의 이해』 외

## 하지(夏至)날에

낮이 가장 기니 밤은 가장 짧으며
해가 제일 높이 뜨니 그림자 젤 짧다
세상의 모든 이치가 다 그런 것 아니랴

장점이 있으면 또한 단점이 있는 법
파발을 보낼 땐 천리마가 제일이나
이삿짐을 나를 때엔 둔마가 제격이라

사람이든 사물이든 장점을 취해 쓰면
세상에 쓸모 없는 존재가 어디 있으랴
모든 걸 다 갖출 수는 없는 게 분명하다

하지만 때론 취할 게 없는 경우도 있다
시거든 떫지나 말라는 얘기도 있으니
재주가 없으면 성실하기라도 해야 하지

푹푹 찌는 더위보다 더 답답한 현실에서
우린 대체 뭘 하지? 어떻게 해야 하지?
걱정만 하지 말고 지금 바로 해야 하지


## 8월의 첫날 아침에

푹푹 찌는 찜통더위 속에도

연꽃은 곱게 피어 은은한 향기를 뿜고
매미는 제 달이 온다고 온몸으로 노래한다

한낮의 열기에 늘어진 잎과 시든 꽃도
탐스런 열매 맺을 서늘한 가을을 기다리며
안으로 안으로 저만의 꿈을 익히고 있다

나도 폭염에 지친 몸과 마음을 추스려
그동안 미루고 미뤄 온 꼭 해야 할 일들을
처음의 그 마음으로 새로 시작해야겠다

이제 큰 것과 화려한 것을 탐내지 말고
작지만 아름답고 소중한 것들을 찾아서
나만의 열정과 애정을 한껏 쏟아 붓고 싶다

진솔한 마음으로 향기로운 말을 하고
진지한 생각으로 울림 있는 글을 쓰며
꿈을 시로 노래하고 몸으로 춤추고 싶다

## 시와 벗 그리고 삶

맑은 눈으로 세상을 보면
시 아닌 게 있으랴
풀 한 포기, 꽃 한 송이
돌 한 덩이, 나무 한 그루

새 한 마리…

따뜻한 가슴으로 사람을 만나면
벗 아닌 이 있으랴
잘난 사람, 못난 사람
부유한 사람, 가난한 사람
외로운 사람…

산다는 건 사랑한다는 거요
사랑한다는 건 하나가 되는 거다
하나가 된다는 건 홀로 함께
함께 홀로 사는 법을 배우는 거다
숲 속의 나무들처럼…

## 풍류(風流)
 - 멋진 삶의 길

산다는 건 결국
우리가 어떤 인연으로
바람처럼 이 세상에 나타나
물처럼 흘러가는 것

때론 높은 벽도 만나고
큰 바위도 마주치지만
포기하거나 물러서지 않고

타고 넘거나 옆으로 돌아가는 것

세상살이 결코 쉽지 않지만
바람처럼 물처럼 살아간다면
그리 힘들기만 한 것도 아닌 것을…
바람이 불고 물이 흐르듯이

이왕에 사는 길 멋지게 살아야지
도의를 수련하여 사람됨을 갖추고
가무를 즐겨 몸과 마음을 기쁘게 하고
산수에 노닐어 자연과 하나가 되나니

이게 바로 풍류의 삶
도덕과 예술이 어우러지고
인간과 자연이 하나 되는 길
바람이 불고 물이 흐르듯이

풍류는 삶이요, 삶은 멋이라
멋은 흥이요, 자유요, 어울림이니
풍류는 멋진 삶의 길이어라
바람이 불고 물이 흐르듯이

## 인생의 스승과 주인

인생의 스승은 책이 아니라

말없이 흘러가는 시간이라는데
강물은 흘러 바다로 가지만
시간은 흘러 어디로 가는 걸까?

강물은 흐르며 돌을 깎아내고
시간은 흐르며 삶을 덧붙인다
조약돌은 강물이 만든 작품이요
인생은 시간이 써 내려간 책이다

우린 사람이 쓴 책만이 아니라
시간이 쓰는 책을 읽어야 한다
천천히 음미하고 조용히 즐기며
인생이라는 책을 읽어야 한다

살아가며 마주하는 매 순간
시간이란 스승의 가르침 속에
스스로 깨닫고 반성하며 또
인생이라는 책을 써 가야 한다

책은 살아갈 인생의 스승이요
시간은 살아가는 삶의 스승이다
내 삶은 내가 사는 거다
내 인생의 주인은 바로 나다

# 이 준 재

| 가을 오는 소리
| 겨울 연가
| 아쉬움
| 소라껍대기의 추억
| 책장을 넘기며

2006년 순수문학 시부문 등단. 한국문인협회 발전위원장. 순수문학인협회 이사. 광명새마을금고 이사. 한국문협 작가상 (2024). 제31회 순수문학상(시) 대상 (2023). 영랑문학상 우수상 (2018). 경기문협 공로상 (2012). 시집 "간이역" 2010 "새벽을 여는 사람" 2013 "시는 절재된 언어의 춤사위: 2019 "더 나은 비상을 꿈꾸며" 2024

## 가을 오는 소리

안개 속에 섬이 떠 있다
안개 따라 물결이 일렁인다

가을은 파란구름을 타고 내려와
여기 저기 바쁘게 뛰어다닌다

가을이 지나간 들에
게으른 작물들 마음이 바쁘다

산들바람 타고 온
귀뚜라미 울음 타고
가을이 익어간다


## 겨울 연가

설원에 노을이 내릴 때
누군가 생각나면
사립문 열고 나와
설원을 걸으며 추억에 젖어보자

흰 옷을 입고 서 있는
모든 것이 새롭다
설원 끝에서 뛰어와

반갑게 웃으며 손을 내밀 것 같다

가깝게 있어도 먼 사람보다는
멀리 있어도 가슴이 따뜻한
사람이 그리워진다.

## 아쉬움

산이
그곳에 있어
산을 찾고

파도가 있어
바다를 찾는다

꿈 찾아
산 넘고 물 건너
찾아왔지만

꿈은
저만치 앞서 있고
돌아보니 아쉬움만 남아

이제는 꿈보다는
현실을 품에 안고

해거름 길을 준비해야 할 시간이다.

## 소라껍대기의 추억

빛 바랜 바닷가 한켠에
일렁이는 파도에 몸을 맡기고
이리저리 뒹구는 소라껍대기 하나

조용히 파도가 전하는
고향 이야기 들으며
두고 온 검은 바위 모퉁이 생각에
들려오는 뱃고동 소리에 눈물지을 때

아이 손에 들려진 소라껍대기
옛날 이야기 나지막게 들려준다.

## 책장을 넘기며

책장을 넘기다 발견한
빛 바랜 노란 은행잎 하나
문득 그때가 그리워진다

온몸으로 그려 낸 수채화 속에
바람이 불면 물감 한방울 떨어져

발 밑에 물들이면
두근거리는 마음에
단풍잎만 발로 비벼대고
차마 볼 수 없어
먼 산만 바라본다

소중한 그 시절 추억 한 줌
책 속에 다시 간직하고
또 다른 미래를 그려 본다.

# 이 행 자

- 푸른 이별
- 역전을 꿈꾸며
- 거침없이 부드러운

한국문인협회 이사
국제펜한국본부 이사
시집;손 대지 않은 돌 외 다수
펜문학상 포에트리문학상 영랑문학상 수상

## 푸른 이별

내 아픈 여고시절
5번 버스 달리던 곳
지금도 인적 드물고
뱃고동만 울려 퍼지는가

제2부두 출항하는
연인의 절규마저
용두산 메아리로 돌아서는 곳

월남 전장으로 가는
높은 군함 위
슬픈 오빠의 눈동자는
3부두에 내장되고

그때
피를 뿜는 심장이
닻줄로 매달린 채
아득히 멀어져 가던

그 부두의 푸른 이별을
나는 차마 잊지 못하네

## 역전을 꿈꾸며

주의 백성을 짓밟는 자
율례를  빙자하고 재난을 꾸미는
악한 재판장이
어찌 주와 어울릴리오

내 간구와 도고의
기도로
어리석은 남편이 돌아오며

*복수 마저도 담당하시는
심판주로 오시는 이여

가장 좋은 것은
아직 오지 않았으니

펼쳐질 역전의 드라마를
나는 꿈꾼다

＊성경말씀 시편94편 인용

## 거침없이 부드러운

변하고도 넘치는 강산에서
세월이 담그는 술을 마시면

방탕에 취하지 아니하고
진실은 녹아 내린다

바람 숭숭 뼈 바늘에 실을 꿰어
찢어진 살에 살로
이불을 지으면

너는 내 아들이라

언제 그렇게 사무치는 미움이던가

어느새
결 고운 나무가 되어

거침없이 부드러운
사랑이 되리

## 笑眼 이현채

| 관심의 경제학
| 누워 버린 야생화
| 소금쟁이 뒷발질
| 생수
| 산소 호흡기

대구 출생. 월간 순수문학 등단. 호산대 졸.
호산대학 동문회장 역임. 퇴계이황학회 임원 역임.
담수회 여성회원. 동네의 서예와 시화전 등.

## 관심의 경제학

사람의 관계에서
가장 치명적 손실 운영은
무관심 경영이다

때로는
미움도 시샘도
관심의 울 안에
머물러 있으므로
언젠간 이익 창출의
자본은 남겨 두고 있다

관심은
사랑가 등락의
기폭제이고
사랑의 상한가 달성의
기본 자산일 수도 있다

## 누워 버린 야생화

산 오름
외론 길섶
야생화 꽃무리가

폭우를
못 견디곤
땅 위에 뒹구는데

낙화가
못 본 체해도
잃지 않는 눈웃음

꽃들의
피고 짐에
서러움 없으련만

그 어떤
비바람도
꽃들을 못 울리곤

더불어
어깨 다독여
꽃길 함께 걷는다


## 소금쟁이 뒷발질

개구리 울어대는 시끄러움 속에서
연꽃은 모습을 드러낸다

물 위의 연잎은 소금쟁이의
배가 되어 준다

소금쟁이는 연잎 배를 타고
노저어 다니면서

채점판 같은 물판 위에 연신
동그라미를 그려 댄다

연꽃 봉오리가 뾰족이 고개를
내민다

답례로 에펠탑보다 높은 자신감
품어 활짝 피어날 것이다

칭찬은 고래도 춤추게
했다는데

조건없이 듬뿍 주는 소금쟁이의
만점을 뒷발질에

연못 한가득 연꽃은 피어난다

# 생수

사랑은
산 높고 골 깊은 골짜기에서
샘 솟는 생수이고

그리움은
그 생수를 마시게 하지 못해
안달하는 조바심이다


# 산소 호흡기

산은
단 한 마디 말없이
침묵하고 있지만
천만 언어를 감춰 두었고

나무는
푸르름 옷자랑
뽐낸 적 없지만
언제 보아도 권태롭쟎는
눈부신 패션쇼를 연출한다

그 옛날
산 등지고

물 마주한 곳
산과 물 환상의 조합

산 높고
물 깊지 않는 곳 없고
골 깊고 새 짐승
뛰놀지 않는 곳 없다

# 장 성 숙

비룡폭포

시혼과 백지

망향초

원 안에서

---

〈순수문학〉 등단.
한국문인협회 · 국제펜 회원.
제19회 영랑문학상 본상 수상
순수문학인협회 상임이사. 필 동인.
시집 『환란 속에서 소망이』 외 공저 다수

# 비룡폭포

보라
하늘 밑 산봉우리 바위 타고
흰 포말 일으키는 계곡의 한 줄기 물보라
세월 낚아 곱게 물들어 가는 단풍
서로 손잡고 한 폭의 수려한 비경 이룸채
곱디 고운 자태 뽐내고 있음을!

보라
굵디 굵은 밑뿌리 쭈욱 쭉쭉
도도하게 드러내고도 우직스럽게
부드럽게 보이나 꿋꿋한 기상으로
우뚝 선 그네들의 모습
천지 진동시키고 있음을!

보라
바위에서 물고기 노닐고
누워서도 대지 감싸안은 모습을
태양 아래 숨쉬는 만물들의 형상을
침묵으로 합창하며 제 몫 일궈가면서
내일 잉태하는 모습을!

보라
산봉우리 닿았던 하늘 자락
날마다 떠오르는 태양 앞에

봉우리마다 오색 찬란함 더해 가니
창조주의 솜씨에 놀라 기뻐하며
창조주께 감사와 찬양을!

보라
존재하므로 드높은 기상을
드넓고 넓은 온누리
존재하므로 그 웅장함을
우리의 조국 대한민국 설악의 귀모퉁이
풍요로움 누리는 가을 향연을!


## 시혼과 백지

뉘 뭐라 해도
뉘 몰라 줘도
혼 깨워 0.1mm 안되는
백지 위 사른다
갓 시집 온 각시처럼

몽근짐 내려 놓고
손가락 놀림 따라
장단 맞춰가며
혼 사른다

투정 짜증 부려도

벗함이 좋은 찰떡궁합
허기질 때까지
나신 될 때까지
사르고 사른다


## 망향초

녹슨 철로에는 잡초 무성하고
야위어 가는 노을은 무심으로
그리움 품고 세월 삼키며
저 언덕 너머에는 무엇 있을까

가냘픈 얼굴로 하늘 보며
한 줌 햇살 기대어
기도하시나 맘 표현하시나
엄동설한에 뼈대 내보이며
춘삼월 기다리시나

지쳐 녹슬은 공덕동 철로
세월에 이빨 빠져 묻혀져 가니
한강 줄기만 애달프게 우짖다
심연 깊게 잠들어도

희망 기다리는 그리움은
깡마른 망향초로

찬바람에 얼굴 내어준 채
오늘도 두손 모아
지구촌의 평화 기도하네

〈지구촌 안 전쟁 종식되기를〉

## 원 안에서

널 푸른 도화지 양무리 떼지어
몰이 놀이 하는지 몽글몽글 층층 이루니
그 모습 반하여 잠도 밀쳐내며
대지 그윽하게 내려다 본다

96년 내딛은 첫 발걸음이
어느새 훌쩍 터잡이
이국땅 언저리 가이드로
삶을 엮어가게 되었다며
꾸벅 인사와 자기소개 하고는
발걸음 닿는 곳마다 설명
원 안에서 쉴새없이 달린다

밀라노에서 로마까지
수십키로 달려 잠시 쉼 얻듯
둥근 울타리 안 스쳐가는 인연으로
서유럽 여행길에 오른 사람들

저마다 또 내일 기대하며
세상에서 세상으로 인생 엮어가겠지

# 정 도 병

| 노인성
| 명함
| 쇼핑
| 어디쯤일까
| 오늘 아침도

월간 순수문학 등단. 한국문인협회, 필동인, 순수문학인 협회 이사로 활동. 순수문학상 본상 수상. 시집 「내 안에 출렁이는 빛」외 다수. 제주체신청장과 정보통신윤리위원회 사무총장 역임.

## 노인성

들을 귀가 없으니 나만 옳고

별들의 속삭임을
뇌리에 그리는 것도
장미의 하소연을
귓속에 새기는 것도 아닌

음식 주문도 못 하면서

나만 옳고

## 명함

사업을 위해서가 아니다

정년 이후
명함 없이 살았다

자기 명함을 내밀고 곧장 쳐다보는 건
내 명함을 기다린다는 것

너절한 경력이 싫어
이름 석 자에 사진만을 넣었는데

사람들 궁금증이 심했다

경력을 넣어 바꾸기로 하였다

명함을 빤히 보더니
고개를 끄덕 한다

도둑놈은 아니었구나

## 쇼핑

달나라 쇼핑을 떠나고 싶다

얼마 전 몽고리아를 만나
게르를 구매하여 하루를 살았고
허르헉 점심도 구입하여 먹었다

알래스카를 가서 빙하를 쇼핑하였다

동대문 시장 쇼핑몰
몸을 비틀어야 지날 수 있는 골목길
엘이디 등이 빛을 발하고

세계의 음식을 섭렵하였다

출입구를 못 찾아 빙빙 돌고
눈을 좌우 앞뒤로 휘저으며
가다가 뒤돌아오고

개미 떼처럼

환상의 세계

## 어디쯤일까

일상이 새로울 수만은 없겠지

변하는 건
여기저기 아파져 오는 것뿐

바람 스치는 소리
별이 스러지는 소리
생명이 지는 소리

같은 태양 아래
꽃도 빨간 모습 노란 모습 파란 모습
어떤 건 져 가고

오늘이 어제로 가는
빠른 시듦

메마름의 선상에서

호수에 동그라미라도
남겨보고 싶은

내 몸부림의 그림자는

어디쯤일까

## 오늘 아침도

눈을 뜨자
말씀 57개 절을

암송한다 푸른 문이 열리고

가슴이 설레고
심장이 끓는다

마태복음에서 요한계시록까지

삶의 한 획을 긋는 대 전환

깜깜한 밤하늘
내 눈은 별을 헤맸고

아침에 붙잡은 건 나의 푯대라

모든 것은 다 초라한 짓

산 제물의 시간
쌓일 곳은 어디에

# 조 대 연

들풀로의 화원

바닷새의 꿈

봄꽃 함께

해 질 때는

귓전에서 피는 꽃

고려대학교 공학대학원 공학석사. 한국문인협회 이사. 현대시인협회 이사. 국제펜 회원. 서울문학문인회 고문. 시선집 2003년 「삶의 수채화」 출간 이래 「내가 꽃이면 너도 꽃이야」, 「슬퍼도 숨지 마」, 「사랑의 강」, 「달빛 서정을 노래하다」 등 출간. 통일부 장관상, 풀잎문학상, 농민문학상, 영랑문학상 작가대상 등 수상

## 들풀로의 화원

온몸을 풀어온 흔들림
잘했든 못했든
지나간 아픔 모두 잊고
지금 여기에서는
자신 있게 마음껏
얼굴 드러내 봐

세상 어떤 꽃이든
완전치 않아 핀 채로
그냥 부는 바람에
흔들리고 있어

조금은 풋풋하고 미더워
살고 있음에
완벽으로의 이상을
여기 꽃들의 세계에서
기대하지 않아 하더라도
완성으로 향해 나가는 법칙만은
거룩하게 이어지고 있어

앙상한 풀숲 속에서 드러낸
저 풀꽃들의 정원은
손대지 않은 자유와 자연 속에서
아름답게 잘 가꿔져
늘 피고 지고 있음이야.

## 바닷새의 꿈

바닷새 밤새워 울어 날다
밝아 오는 새벽이 오면
어두운 날 잊어 보내고
새날의 아침을 맞아
푸른 바다 위 파란 하늘로 날아올라요

바닷가에서 사는 소녀는
어젯밤 엄마 그리워 울었지만
오늘 아침엔 엄마의 품 안에서 행복한 꿈을 꾸는데
이제 새 세상의 아침에 모두 나와서
저 태양을 바라보며 지친 영혼
해를 닮아 맑게 씻고
밝은 소망을 빌어 봐요

꿈에서 깨어난 바다 물결은
금빛으로 찬란하게 출렁여 오고
바다 먼곳서 불어오는 바람은
맑고도 싱그럽게 가슴을 채워 오는데
뭇 새들이 염원하는 우짖음을 들어
떠났다가 돌아오는 나의 임이여!
석양의 저녁이 되더라도 다시 떠나지 말아줘요

내리는 은하 별빛이
여기로 쏟아져 내려오면

내 마음은 간절해서 그리로 흘러가는데
지금 고와 젖은 모래는 내 발목을 감싸 안고
뿌리는 부드러운 햇살은 바닷새 깃을 보듬어 줘요

갈매기 여기 내려와 머물면 고깃배들 돌아오고
나 임 따라 저 파도에 맘을 실으면
내 영혼 파도 따라 떠났다가 다시 돌아오는데
그리운 임에게로 날아오르는 새를 따라
내 몸에 자유의 날개 달고
일월이 되어 하늘 높이 날아올라 가요.

## 봄꽃 함께

당신의 이름 불러보는데 듣고는 있는지
당신의 모습 찾아보는데 어디로 갔는지
지금 당신의 대답 들을 수 없고
당신의 형상 찾을 수 없지만
그래도 아직 함께함을 깨달을 수 있음은
당신의 다정한 눈빛
당신의 따스한 손길이
아직 나의 마음을 감싸고 있기 때문입니다

당신의 목소리는 나에게 감미로운 노래로 들려오고
당신의 미소는 나에게 다정한 햇살로 뿌려 오기에
실망하지 않고 언제든 다시 시작할 수 있는

굳은 맘으로 희망찬 세상을 열어 갈 겁니다

더욱이 바람은 봄바람으로 봄꽃을 피어오고
해는 봄볕으로 내려 모두를 깨워오며
지금 희망의 봄날을 맞이함에
당신이 꼭 돌아와 주길 기도하고 있습니다.

## 해 질 때는

해를 보고 살아서
햇살 받아 핀
너의 어여쁜 풀꽃
꽃송이 살랑살랑 흔들어
노래 부르면
마음 어느새 기뻐서
너 꽃잎에 다가가 엎어져

해가 지고 널 보낸 지금
생각나는 그 끌림의 그리움에
꽃의 마음 또 포개어
너 물든 꽃 색으로
그리로 보내는 시를 써

지금 멀리서 생각하는
넌 더 곱고 진한데

짧기만 한 꽃의 날 슬퍼서
가는 시절이라
어느덧
서로 더 먼 헤어짐으로
기우러 가고 있음이야.


## 귓전에서 피는 꽃

고와 순한 음으로
귓전에 맺혀 피는 꽃
듣는 말 하나하나가
꽃잎 한장 한장으로 열리어
뭇사람들의 귓등에서
곱게만 피어나야지요

내 말이 옳다고
쏟아내는 거친 말의 칼날은
듣는 귀청 아파 거슬려
어지러이 향함일 뿐이지요

이제 꽃의 품성을 닮아
세상의 모든 소리를
곱고 향기롭게 우려내
별꽃의 속삭임
바람의 선선함

풀벌레의 노래처럼
그 모든 울림의 말
아름답게만 내어 다가가야지요.

# 조 승 관

이 세상과 저세상의 차이

이사 가는 날

지뢰밭과 꽃밭

다짐 · 4

삶 · 26

전북 남원 출생. 2022년 월간 순수문학 등단
경복고 졸업. 한국외국어대학교 무역학과 졸업
한국문인협회 회원. 필동인 회원
(주)한양 나이지리아지사 근무

## 이 세상과 저세상의 차이

힘드니까
세상이다

힘들 때 살아 남는 게
삶이다

힘들 때 즐겨야 하는 게
지혜다

힘들지 않으면
저세상이다

## 이사 가는 날

슬퍼하지 말아요
슬픔일랑 분리수거함에
넣고 가세요

후회하지 마세요
후회일랑 쓰레기봉투에
넣어 버리고 가세요

잊지 마세요

꿈일랑
알뜰히 챙겨
머리에 이고 가세요

빠트리지 마세요
희망일랑
살뜰히 챙겨
가슴에 안고 가세요

## 지뢰밭과 꽃밭

세상은 지뢰밭이네요
갑자기 지뢰가 터지고
상처와 아픔을 남기네요

시간이 지나면
상처는 아물고
아픔은 잊히고
그저 살아가지요

가끔은 지뢰가 터지고
가끔은 꽃이 피고
세상은 지뢰가 묻힌 꽃밭이네요

# 다짐 · 4

삶의 여정에서
비바람이 몰아쳐도
앞으로 나가는 것

삶의 항해에서
폭풍우가 덮쳐도
노를 놓지 않는 것

힘들어도
주저앉지 않는 것

쓰러져도
다시 일어나는 것

깜깜한 터널에서
밝은 북극성을 그리는 것

잿빛세상에서
초록빛으로 살아가는 것

그렇게 살고 싶다
그렇게 살아가야지

# 삶 · 26

산 자여
오늘을 가슴 떨리게
설레여라

일렁이는 바람이여
흩날리는 눈발이여
감동하라

죽은 자는
이 세상의 이 순간을
사무치게 그리워하리라

산 자여
오늘을 온몸으로
흠뻑 즐겨라

기름진 만찬이
아니면 어떠랴
거치른 나물밥이면 족하지

부드러운 발렌타인이
아니면  어떠랴
쓰디쓴 소주면 족하지

고급진 맨션이
아니면 어떠랴
소박한 내 집이면 족하지

화려한 패션이
아니면 어떠랴
검소한 옷이면 족하지
후회없이 현재를 즐겨라

죽은 자는
오늘 하루 즐기기를
몸서리치게 갈구하리라

산 자여
주어진 상황을 무한긍정하고
금맥 찾듯이
설렘과 즐거움을
찾아야 할 일이다

# 조 영 철

목련

눈꽃

한 줄 해석

러닝머신

보조배터리

〈순수문학〉 신인상 등단, 전북 장수 출생, 숭실대학교 경영학석사, 천주교 레지오마리애 단원.

## 목련

앙상한 회갈빛 가지 끝
붓 닮은 겨울눈

봄꽃보다 화려한
보송보송 솜털 코트 속
숨겨둔 순백의 꽃잎

초승달 차오르듯

송이도松耳島*
흰 몽돌처럼
밤 하늘 수 놓는다

*송이도(松耳島)는 전남 영광 법성포 향화도에서 한 시간 반 걸리는 섬으로, 소나무가 많고 사람의 귀를 닮았다하여 붙여진 이름.

## 눈꽃

연분홍 눈꽃이 날린다
찬바람 타고

가슴 시린 눈이 내린다
봄의 끝자락에서

눈꽃이 날린다
봄 소나기에

꽃이
질 때를
기다려

꽃잎에
별을 그려본다
밤이 새도록

내가
봄을 기다리는
까닭이다

## 한 줄 해석

책 정리하다 눈에 띈
반 접힌 학원 시험지에

기다란 영어 문장 밑
나란한 한 줄 해석들

빈칸 없이 빽빽하게 쓴
너의 간절함을 외면한

쭉 그어진
아쉬운 빨간색 두 줄과

그 위에 쓰인
깐깐한 정답들

오늘도 곯아떨어진
새벽 두 시

고3 딸의 치열했던 손을
꼭 잡아 주었다

## 러닝머신

무한궤도에
날쌔게 뛰어올라

사정없이 내달린다
한눈팔 겨를 없이

미처 삭이지 못한
내 안의 이기심이

한여름 소나기 맞은 듯
땀범벅 되고 나면

여기서 그만둘까
아니면 계속 갈까

당차고 비장하던
그 도전

어느새 초라한 고민 되어
돌고 돌지만

시작이 반이라
나머지 반을 향해
다시 시작이다

## 보조배터리

세 칸이던 눈금
어느새 한 칸 되고

그 희미한 한 칸마저
깜박이다 사라지면

순식간에
더 센 놈으로 바꾸는 녀석들

그런데

너 그거 알아

나
죽을힘 다해
겨우 버텨온 거

# 조 풍 연

참매미

시인들의 마을

봉선화

그리워한다는 것은

참구 參究

메타빌드 대표. 공학박사, 한국SW·ICT총연합회 회장, 제28회 영랑문학상 수상(시집: 화성에서 온 꿈나무 오름), 2023년 순수문학 수필신인당선작(탱자 꽃, 꿈나무 오름), 2020년 서울문학 시신인상당선작(세월, 옛집, 등불), 순수문학문인회 이사, 서울문학문인회 부회장, 한국문인협회 회원, 국제펜클럽 회원, 서울사진클럽 자문위원

# 참매미

이른 새벽부터 늦은 밤까지
지치지도 않는지
매미소리 우렁차기도 해라

가는 세월 서러워서
그렇게 목청 높여
울어재끼는가 보다

아니 내 짝 이어달라고
빽빽 울어대는가 보다

머지않아 가을햇살에 산화될
이 몸뚱이 애려서

겉눈물 속눈물
다 토해내어
섧게 우는가 보다

바람을 이불삼아
이슬만 먹고 산다고
맴맴맴 맴맴맴

그저 청빈한 삶이라서
하늘을 우러러

한 점 부끄럼 없이 산다고

그 울음소리 맑은가 보다

## 시인들의 마을

시인들이 모여 사는 마을은 산새들이 꽃씨를 물어와
사계절 정원엔 꽃 향기로 지글거리고

매일 하얀 편지를 써서
무지개빛 풍선에 하늘 멀리 날려 보낸다

아주 천천히 시간이 느긋하게 흘러가고
낭만이 노랗게 익어가는 곳

갯가 미루나무에 걸린 노을빛을
뜰채로 담아 꽃술을 빚고

옛 기억을 반죽하여 꽃전을 부치며
바람노래로 그득히 숨 쉬는 곳

꽃대를 꺾어 모닥불을 놓고
이야기 단지를 열어 무성히 풀어내는

밤새도록 퍼 내리는 맑은 이슬소리를

풍경에 달아 쨍그랑 거리는 곳

미처 예견하지 못한
문득 찾아올 별나라 여행을 위하여

대문을 활짝 열어 놓고
호롱불을 밝혀 내일을 기다리지 않는 곳

## 봉선화

하얀 순정과
하얀 순정이 만나

서로 기대고 푼
고운 눈빛을 열어주면

금시 솜털 같이 자라나
연정으로 피어나지요

연정이 자꾸만 깊어져
남 몰래 속으로 차오르면

보고파 몸살이 나고
노을빛으로 잔뜩 물들여져

그 무게를
이기지 못해 숭숭 멍이 들어

툭툭 핏빛으로 터져
꽃밭을 흥건히 물들이지요

## 그리워한다는 것은

누군가를 마음에 둔다는 것은
향기로 남기 위한
저 혼자만의 쓰디쓴 몸짓이다

누군가를 그리워한다는 것은
하나가 되고 싶은
쪽빛 바라기가 되는 일이다

너에게로 가서
바람꽃으로 무수히 피어
다정히 기대고 싶다

너에게로 가서
안개꽃으로 청초히 피어
깊게 젖어들고 싶다

너를 그리워할수록

고드름 같이
외로움은 자라나고

너를 보고 싶어 할수록
가슴 저리어
숨찬 불덩이가 되는 일이다

## 참구 參究

흰 바람이 밤새도록 머물고 간 자리에
토해 내는 눈부신 뽀얀 햇살은
이슬이 된 맑은 영혼이 하늘로 돌아가는 길인가 보다

누운 풀잎들은 다시 일어서고
바람을 털어낸 나뭇잎들은 가쁜 숨을 몰아쉰다

겨울이 오면 파란 것들은 뿌리로 돌아갈 테지만
여름날에 익숙해진 파란 것들은
그대로 스미고 젖어서 간다

남다르게 새 길을 내어
엮이어 가고 깊게 파서 이룬다 해도
늘 상 제자리로 되돌아오는 공허함 뿐

구름 속에 갇히어 분망하게 살아온 노래진 세월 앞에

갈구하여 찾고 쫓아 앞으로만 달렸던 것들이
모두 새고 굽고 무너지고 삐걱대는 희끗한 것들이다

이제는 채우고 맺히고 지쳐 헐그워진 것들을 거두어내고
덧칠해 짙어진 번잡한 것들을 들어내어
새하얀 맑은 바탕 마음을 찾아야 한다

홀로이 단정히 앉아 숨 고르고
일심으로 활활 반연허상 다 끊어내어
자신 속에 불덩이 하나만을 일구며 가야 한다

# 주 광 일

| 8월의 시
| 그대 잠든 곳
| 나 떠날 순간
| 밤바다
| 장마철 엽서 8

1992년 시집 '저녁노을 속의 종소리'로 시작 활동. 국제 PEN한국본부 회원, 변호사(한국·미국 워싱턴 D.C.) 법학박사, 전 국민고충처리 위원장, 전 서울고등검찰청 검사장, 전 세종대 석좌교수. 서울법대 문우회 회장, 순수 문학상 대상 수상

## 8월의 시

8월엔 그대에게 가리
그대를 만나러
어디라도 가리
8월의 뜨거운 태양을
가슴 가득히 품고
내 마음 따라 부는
바람에 실려
먼 바다로부터 닥쳐오는
태풍의 눈에라도 들어가리
그대가 있는 곳이라면


## 그대 잠든 곳
- 이어령 선생에게

긴 장마철 한가운데
모처럼 비 없는 날
오랜만에 보는
눈부신 세상의
귀한 햇살 한 줌
흰 봉투에 넣어
그대에게 보내고 싶어요
우리들 자주 만나던
도심을 지나

나 혼자 걷던 숲길에서
문득 내 손 잡고
이승에서의 마지막
작별인사를 나누었던
그대
잠들어 있는 곳으로

## 나 떠날 순간

문득 나 떠날 순간이 닥쳐와도
아무것도 두려워하지 않으리
아무것도 아쉬워하지 않으리
달 없는 밤 이름 없는 별 하나
흘러 흘러 우주 너머로 사라져가듯
아랫마을에서 윗마을로 마실 가듯
말없이 떠나가리
마지막 순간까지 오직
성모님께 나를 위하여
기도해 주실 것을 간구하며,
최후의 숨을 거두리

## 밤바다

밤바다여

그대는 밤새도록
잠 못 이루며
새벽 종소리를 기다리는
늙은 수도자처럼
그렇게 눈 뜨고 있구나
애증이 얽힌 긴 밤을
잠시도 쉬지 못하고
흔들리는 몸으로 태우며
저 수평선 너머로부터의
해돋이를
눈을 부릅뜨고
기다리고 있구나

## 장마철 엽서 8

장맛비 내리는 거리를
아무런 약속 없이 나선다

부질없음을
잘 알면서도

어딜 가도 만날 길
없는 그대를

무턱대고

찾아 나선다

내 가슴 속 낮달 하나
소리 없이 사라지고

내 가슴 속 들판엔
진눈깨비 내린다

# 채 자 경

커튼 콜

돌섬의 저녁

물길 따라, 꽃길 따라

사랑이 오려나

못

본명 채경자
월간 순수문학 등단
제24회 영랑문학상 우수상, 한국문학인상 수상
매일 신문 시 , 시니어 문학상국제 펜 클럽
한국여성 문인협회 한인문인협회
시집 목련꽃사다리 , 공저 다수

## 커튼 콜

햇살이 보듬던 민들레를
철모르는 찬 서리가 적시고 있네

바람 따라 떠돌다 돌아온 그대
섬돌 아래 잠들 수만 있다면

물집 잡힌 발바닥 끌고
나 걷고 또 걸어
뜬구름처럼 밀려 다녀도 좋겠네

노을빛에 익는 글쟁이
이제 못다 한 말
지는 잎에 끄적거리네

검은 구름자락 열고 나온 달
그리운 얼굴 가득 싣고
은빛 강을 건너네

## 돌섬의 저녁

민박집 방문을 닫는데 갯벌이 지워졌다

몸이 돌섬인 줄 알았다고

저녁의 새는 한번 더 길을 잃는다

꽁지깃을 따라온 파도가
바위인 내 앞에서 서슬퍼런 눈빛이다

민물 자락을 끌어 덮자
새의 눈자위가 멀미로 움푹하다

이젠 내가, 바닷길 건너느라
지친 새의 정거장이 되어 주는 거야

가슴 텅텅 비워 낸 섬의 모서리
파도가 질퍽한 갯벌을 품는다

## 물길 따라, 꽃길 따라

등 휘어진 강이 부르는 노래를
달개비꽃들이 따라 부른다

바람이 돌린 수레바퀴 아래서는
함께 모여 동동 띄우는 꽃

흘러가는 물에 잠긴 발가락은
꼼지락꼼지락 모래톱을 긁는다

이리저리 굴러다니다가 멈춘 산그늘
치마 속에 누옥 한 채 들여 놓았다

등고선을 배회하던 메마른 입술
뛰어내린 백사장에서

다시 여울목에 이르러서
미끄럼을 탄다

## 사랑이 오려나

저녁놀 풀어놓은 하늘
망아지가 어질러 놓은 꽃밭이다

날개를 뜯어 허물을 매울 지라도
구름끼리는 허리를 껴안지 않았다

먼 곳을 떠돌다 온 모시나비가
서로의 눈물을 닦아주는 시간

필 때와 질 때를 아는 내게도
몸 가벼워질 사랑은
첫눈의 입술처럼 다가 오려나

꽃이던 순간

갈망을 내려놓는 자리
허공을 밀고 올라오는 달이

팔색조 눈물 부풀리고 있다

## 못

일상에서 생겨난 곡절들
나침판 잃어버리고 난 뒤에는
어디로 흘러갈지 모를
난파선 조각이다

창에 맺혀 빠저 나가지 못한 빗물의 자리
부풀어오른 내 표정은
하염없이 무료하다

이해의 뒤편에서 흔들리는
빛살을 주워 모으지만
여지없이 오해의 어둠은
나팔꽃 피워 올리지 못해도
낮 밤이 바뀌었음을 알려준다

오래된 주름치마를 이젠 바꿔 입을 때가
되었다는 것을 창 밖의 가로등이

제대로 가르쳐 준 적이 없다

둥둥 해안선으로 떠밀릴지
더 넓은 바다로 뛰어들지는 내 몫

## 최 예 찬

| 두메 산골
| 문경새재의 길
| 잊혀질 기억
| 엄마 향기
| 본드 냄새

경기 평택 출생. 月刊 순수문학 등단. 한국문인협회, 국제PEN 회원. 순수문학인협회 상임이사 역임. 시집 「두메 산골」 외 공저 다수. 테크닉스룸, 예인사, 태양부동산 컨설팅 대표

## 두메 산골

두메 산골 외딴집
산허리에 걸리고
뻐꾹이 소리
해 중천 날으네
산은 가까운 듯
멀기만 한데
산골 나그네
구름타고 오르네

두메 산골 외딴집
저녁 연기 오르면
소쩍새 소리
여울져 흐르네
밤은 짧은 듯 길기만 한데
산골 나그네
잠 못 이루어 외롭네


## 문경새재의 길

문경새재의 길
돌고 돌아가는 길
구절양장 깊은 골
내 님의 마음이련가

돌고 돌아가는 님
서러워서 서러워
마냥 가세요
돌고 도는 이 마음
문경새재의 길
그 길은 그리움의 길
설운 님 가는 길
그냥 가세요
뒤돌아보지 말고


## 잊혀질 기억

아가야, 어제 재미있었니?
아가야, 오늘 재미있었니?

어제도, 오늘도 그리고 내일도
아빠는 널 재미있게 해 줄 생각에 바쁘단다

아가야, 작년에 물놀이 재미있었니?
아가야, 제작년에 동물원은 재미있었니?

그래 벌써 기억이 안 나는구나
괜찮아 아빠는 다 기억하고 있단다

아빠가 나중에 다 이야기해 줄게

아빠가 이 모든 즐거운 날들을 잊어버리기 전에…

아버지, 저 어려서 놀이공원 갔던 거 기억나세요?
괜찮아요 제가 다 이야기해 드릴게요

## 엄마 향기

엄마는 왜 향기가 좋아?
엄마가 안아 주면 언제나 좋은 향기가 났다
엄마 향기를 맡으며 언제고 엄마 곁에서 잠들고 싶었다

엄마가 머리감던 샴푸
엄마가 바르던 로션
엄마는 이제 이것들을 쓰지 않는다

엄마는 왜 향기가 좋아?

엄마를 안아 주면 언제나 좋은 향기가 난다
엄마 향기를 맡으며 언제고 엄마 곁에서 잠들고 싶다

## 본드 냄새

가죽 허리띠가 벌어져 본드를 바른다

노랗고 끈적한 돼지본드

뚜껑을 열어 펴 바르고
한참을 손으로 누른다

손틈을 빠져나온 본드 냄새가 마음에 닿는다
시큼하고 따가운 그 냄새가 나는 좋다

어머니는 가죽공장에서 본드 바르는 일을 하셨다
일 마치고 돌아와 쉴틈없이 밥상을 봐 주신다

철없이 받아 먹던 저녁상에 배인 본드 냄새
시큼하고 따가운 그 냄새가 나는 좋다

# 최 외 득

쪽파를 뽑으면서

울 수 있는 허공

반반의 사유서

인지부조화

성공의 힘

시인, 소설가, 문학평론가. 한국문인협회 사무총장. 한국소설가협회 이사. 계간문학저널문인회 회장. 시집 『껍질을 가진 나무는 얼지 않는다』 『반듯한 보도블록』 『행복한 하루 살기』 소설집 『월식 인간』 한국노총위원장 표창. 행정안전부장관 표창. 옥조근정훈장. 제15회 영랑문학상 우수상, 제10회 한국문협서울시문학상(소설부문), 2021 문학저널창작문학상(소설부문) 수상.

## 쪽파를 뽑으면서

밭머리에 쪽파들이 가지런히 늦가을 볕을 쬐고 있다
심기만 해도
돌보는 손길 없이도
더운 날씨든 추운 날씨든 잘 견딘다는 그들이다

조용하면서 생명력이 질긴 사람을 보면
그런 가슴은
사계절을 담는
앞산 같을 거란 생각이 든다

우리는 정해진 것도
정할 것도 없이
노룻길을 따라가는지도 모르는데
그냥 모르는 것이 따뜻한 마음일 것 같은데
파전 한 장에 허리춤을 느슨하게 하는
옹기종기 저녁이면 좋은 그런 마음이면 되는데


## 울 수 있는 허공

새가 마음껏 울 수 있는 건 허공이 있기 때문이다

공간 없이 막힌 사이라면
꽃이 피어날 수 있을까

우리에게 아무것도 보이지 않는 그곳
밤의 허공

서로 다독이며 쉬는
우주가 펼쳐지는
깊은 밤이 있어
우리가 마음 놓고 새처럼 울 수가 있었다


## 반반의 사유서

문제 앞에서
긍정으로 시작하면 지혜가 솟아난다지요

그러나
문제 앞에서
논쟁의 긍정을 위해 부정으로 반감을 강화하라지요

세상은 그런 거라고 그러죠
나의 세상도 그렇게 하래요

그러나
나에게 한번만 부탁드려 줘봐요
나를 부정하지 말아 주라고요
지금까지 반을 살았으니
아직 반이 남았다고요

## 인지부조화

비가 내리지 않았던 시대
하늘에 궁창이 있던 시대
하늘에 무지개가 뜨지 않았던 시대
하늘궁창 덕으로 춥지도 덥지도 않던 시대
하늘궁창 덕으로 900살도 거뜬히 살던 시대
비를 본 적이 없는 사람들이
비를 내릴 것이라는 노아의 말을 조롱하던 시대
조롱하던 사람들은 다 빗물에 잠겨 죽었다

비가 내리는 시대
하늘에 무지개가 뜨는 걸 볼 수 있는 시대
하늘궁창이 없어 거친 바람이 많은 시대
하늘궁창이 없어 춥고 덥고 사막이 늘어나는 시대
살아봤자 100살도 아니되는 시대
노아가 없는 시대
조롱하는 작자들이 살판난 시대
착한 사람들이 다 죽어 나가는 시대

## 성공의 힘

성공이라는 이름으로 말하였다
길을 잘 선택하라고

산을 오르다
바위틈 사이에서 자란 멋진 소나무를 본다

집으로 가다
콘크리트 벽 틈에서 꽃피운 민들레를 본다

선택의 길보다 소중한 건
어디서든 꺼지지 않으려는 생명이 힘이라

손등에서 불뚝 선 힘줄이 새삼 고마움이다

# 추 정 희

| 빗속에 잠든 노래
| 내 이름을 불러주세요
| 바다 안개
| 빗방울의 무늬
| 바람아 부탁해

전남 광주 출생. 숭의여대 문예창작과 졸업. 2008년 월간 순수문학 신인상 등단. 한국문인협회 회원. 전국 창작시 동상. 서울 마포 신문사 여성 백일장 우수상외다수. 창포시 동인지. 공간외다수 동인지. 일성 문학회 부회장

## 빗속에 잠든 노래

나의 집 나를 키운 어미는
등나무 뿌리의 수액이었다

긴 어둠의 터널를 지나
나무에 기대어 어둠의 허물을 털어 내 바람에 몸을 말리고
숲 사이에 퍼지는 작은 햇살로 날개를 펼치니
팽창해진 가슴에 터지는 우렁찬 울음소리

울음은 맹렬한 구애의 노래가 되고
사랑의 편지와 세레나데로 온 밤을 지새니
당신이 극성스럽다 말할지라도
내 짧은 사랑은 애닲픔이요

날아가는 작은 새와 더 작은 곤충도
각기 다른 공존으로 우주는 풍성하니

목쉰 내 노래 빗속에 녹아
내 생의 끝을 당신에게 들킬지라도
사랑을 위해 오겠소 서럽지 않은 또다른 나로
여름의 정열로

## 내 이름을 불러주세요

내 이름이 아닙니다
물이 좋아 외진 숲길과 호숫길을 좋아하고
삼지창 같은 잎과 큰꽃숭어리 하얗게 웃는
수국과 닮았지만 내 이름이 아닙니다

내 이름을 불러주세요
부처의 나발을 닮아 곱슬거리고
연초록으로 눈을 뜨는, 둥근 형태를 이루며
흰빛 찬란한 웃음으로 소담스럽게 피는 꽃

세상은 변하고 그대로 머물러 있는 존재는 없지만
약이 귀할 때는 종기에 으껴 바른 약초로 쓰였지요
저는 알을 품지 못한 불임꽃입니다
오직 사랑하는 손길로만 함께하는
결코 외롭지 않은 불두화입니다

불두화
새벽이슬에 목을 축이는 정갈한 목소리로
제 이름을 불러주세요
당신의 상처에 약초가 되어 드릴께요
인동의 넝쿨 냄새가 바람에 스쳐갑니다

## 바다 안개

바다라 했다
아무것도 보이지 않는
하늘을 구름으로 덮고 푸른 물은 안개로 덮은
그의 존재가 흘러온 보이지 않는 눈물을
하염없이 보고 있다

바다라 했다
아무것도 보이지 않는
수없이 휘청대던 시간
단단히 버티던, 버겁던 순간을
맨발로 걸어온 수북한 상처와
허물의 자취를 흔적 없이 덮으려

형태도, 색채도 없고 헤아릴 수도 없는
크고 넓은 깊이로
바다가 쉬도록
안개 밭에 엎드린 바다를 품고 있다
분명 바다라 했다


## 빗방울의 무늬

바람에
설레고 흔들리며

한바탕 흩어졌다 모아지는 빗속을 걷다
둥근 원을 그리며 퍼지는 원을 만났다
다시 움직이는 작은 원 안에
백일 아이의 웃음같은 몽글몽글한
무늬를 그리는 빗방울
그 무늬는
부드러운 반원을 그리며 흐르고
다시 반원을 만들며 흘러간다
칠월에 펼치는 빗방울의 축제
빗줄기 틈에만 존재하는
푹죽처럼 터지는 빗방울에
부둥켜안은 포플러 나무들이
격정의 왈츠를 춘다


## 바람아 부탁해

먼지 날아간다
한손으로 탁
다시 한손으로…
달아나듯, 도망치듯
먼지가 살아있어
강아지 털인지, 옷 먼지인지
일어서서 두 손으로 탁탁
허공을 맴돌던 먼지
기어히 잡고 말았다

옷을 물고 왔을까
모자에 얹혀 왔을까
창틈으로 은밀히 왔을까
알 수 없지만
사랑 떠나 외로이 떠도는 민들레 홀씨
창문 열어 후 불며
바람에게 부탁했다
척박하고 외진 곳 말고
사랑이 곱게 싹틔울 곳으로 데려가 달라고

# 하 재 룡

| 남원 장날
| 금암봉의 추억
| 가을 여인
| 홍어
| 지리산 예찬

전북 남원 출신. 서울 경동고, 서울대 문리대, 환경대학원 석사, 전북대 행정학 박사. 행자부 재난관리과장, 기획과장, 행정정보화 담당관,, 민방위운영과장 역임. 정읍시 부시장, 전북도지사 특별보좌관, 전북대 행정학과 겸임교수 역임. 월간 순수문학 등단, 순수문학상 작가대상(2021년) 수상. 시선집 『어서 오너라 가을아!』(2020년), 필동인16집 『언제나 가고 싶은 길』 (2021년), 필동인17집 『출간된 소리를 베어물었다』 (2022년). 시집 『라일락 꽃 피면』 출간 (2022년). 현) 춘향문학회 회장, 남원문협, 한국문협, 국제PEN 회원

## 남원 장날

지리산 자락 춘향 골 장터
사람들 모여 드네

반가운 친구와 국밥에
막걸리로 우정을 마시고

취기 가득한 얼굴로
세상이야기에 목소리 높아지네

오가는 자식들 이야기에
사돈하자 두 손 꼭 잡고

어물전 난전에선
호객소리 요란하네

여기저기 사고파는 흥정 속에
거래 이루어지며

활기찬 장터 풍경 속
내 손에도 명태꾸러미 들려 있네

## 금암봉의 추억

돌계단 밟고 밟아
금암봉에 오른다

학창시절 방학이면
자주 오르던 곳

원불교 교당에서
낭랑한 교리 들려오고

금수정 난간으로
애닲은 춘향 이별가 흐른다

유유히 흐르는 요천수 바라보며
미래의 꿈을 꾸던 시간 시간들

먼 시간 돌고 돌아
아련한 추억으로 떠오른다

※ 금암봉은 남원시 노암동에 있는 산임

## 가을 여인

파란 하늘
가을 향기에 취한 그대여

하늘호수 물결 따라
엽서 한 장 띄우고

흘러가는 뭉게구름
옛 추억 적시네

단풍 따라 빨알간
가을 옷 챙겨 입고

그리움 찾아 먼 길
떠나가는 가을여인이여!

## 홍어

깊고 깊은 바다 속
아래 아래 살다가

어느 날 어쩌다
뭍으로 끌려 왔나

곰삭토록 힘든 고통
견뎌 낸 너의 육신

추적추적 비 오는 날
안주상에 올랐네

톡 쏘는 매운 세월
한 방울의 눈물되어

입 안 가득 퍼져온
오묘한 네 향

견뎌 온 지난 시간들이
허공을 맴돈다

## 지리산 예찬

한반도 남녘에
우뚝 선 민족의 영산

자혜로운 그 자태에
옛 선비들 즐겨 찾아
산천유람기 남기었고

동족상잔 아픈 기억

민족 슬픔 다독여 주었네

민초들의 삶
어루만져

풍요롭고 따뜻하게
품어 주었네

아~아
어머니 품 같은 지리산이여!

넓은 가슴으로
우리들을 영원히 품어 주리라

※지리산은 3개도 5개시·군에 걸쳐 있는 산으로 1967년 우리나라 최초로 지정된 국립공원임.

# 한 민 서

- 장갑 파는 아줌마
- 파도
- 달
- 제자리
- 컴퓨터 자판기

월간 순수문학 시문학 등단. 한림대학교 국어국문학과 졸업. 제47회 한민족통일문예제전 경기도지사상, 제33회 세계시인대회 고려문학상, 제50회 문예춘추 문학상, 영랑문학 우수상 수상. 필동인 회원. 한국문인협회 회원.

## 장갑 파는 아줌마

안내 말씀 드립니다

요즘 날씨 장갑 필수잖아 골라 골라
흰색, 회색, 검정색

열차 내에서 물건 판매하는 행위는 불법입니다

장갑 벗을 필요 없어
스마트 터치되는 장갑이 5000원
2개는 9000원, 아따 싸다 싸

 열차 내에서 물건을 판매하시는 분은 이번 역에서 하차해 주시길 바랍니다.

장갑을 현란하게 흔들며
냅다 들이미는 아줌마

아이고, 언니 이거 한 번 껴봐 따듯하다니깐

울리는 안내방송에도
호객행위는 끝이 없다

아이씨,

이리 치이고 저리 치이고
장갑이 수많은 사람을 비켜나간다

언니, 너무 잘 어울린다!

내 무릎에 장갑이 떨어졌다
아줌마가 다가온다

아. 그냥 내릴걸

## 파도

한없이 밀려오는 파도에
발을 담그면 가슴이 두근거린다
살랑살랑 치는 파도가
나를 설레게하고
곱디고운 모래가 발바닥을 휘젓는다

파도 속에 몸을 맡기면
스스럼없이 다가오는 물살
찰박 찰박 소리내는 파도에
나는 마치 어린아이가 된 것 같다

파도의 부름에 더 다급해진 나
더 힘차게 뻗어오는 파도를

온전히 느끼며 더 나아간다

## 달

피곤한데 잠은 오지 않고
방 천장에 붙은 야광별의 반짝임에
문득 밤하늘의 별을 보고 싶어졌다

창문 밖 하늘은 까맣게, 마치 내 눈동자처럼
생각보다 많지 않은 별들과
그 사이 은은한 빛을 내는 달이 아름다워
똑딱 똑딱 시계소리 마저 들리지 않았다

나를 향한 조명,
영화 속 주인공처럼 창문에 걸터앉아
새벽녘 하늘을 마주해 보고 싶은 하루
아파트 전등이 하나, 둘씩 켜지면
나의 무대는 막을 내린다

## 제자리

한걸음 한걸음 나아가다 보면
지금보다는 괜찮겠지
한참을 걸었다 아무 생각없이

나의 눈은 땅을 향하고
나의 발은 목적지도 없이 어딘가를 향해
한걸음 한걸음……

아… 여기는 어디인가 나는 누구인가
방황하는 나의 다리를 보며
두려움이 찾아왔다

가만히 서서 눈을 감고
천천히 숨을 내쉴 때 그제서야 보이는
파란 하늘에 뭉게구름
둥실둥실 흩날리는 구름을 보며
나는 내 자신을 내려놓는다

흘러가는 구름처럼
나 또한 흐르는 바람에 몸을 맡긴다.

## 컴퓨터 자판기

컴퓨터 자판을 두드리고 있다
어제도, 오늘도, 지금 이 순간도
손가락 길이 때문인가
아니면 손가락마다 힘이 달라서일까
두드릴 때마다 각 다른 소리를 낸다
아무 생각 없이 자판을 치고 있다가도

탁탁 소리 때문에 나도 모르게 리듬을 타게 된다
마치 피아노 연주를 하는 것 마냥
어떨 땐 빠르게 어느 시점에는 느리게
손을 움직이다 보면
어느새 마지막 마침표를 찍을 순간
타자연습을 하던 때가 있었는데
이제는 열 손가락이 제법 빠르게 움직인다.

# 한 현 삼

춘설(春雪)

비 · 7

강촌의 추억

술

金剛山

월간 순수문학 등단. 단국대학교 졸업. 한양대학교 대학원 졸업. 타쉬켄트국제비엔날레 심사위원 및 예술감독. 우즈베키스탄 예술아카데미 최고상 "골드메달" 수상. 한국신미술협회 예술총감독. 대한민국신미술대전 조직위원장. 대한민국신미술명장협회 회장. 한국문인협회 회원. 필동인 회원. 명예인문학박사.

## 춘설(春雪)

펑 펑
눈이 쏟아진다

꽃샘 바람
조롱 하는 듯

창 밖을
온통 수 놓는다

동트면
산수유 싹 트고

목련이
피어 오를텐데……

이제 또
어델 간다더냐.

## 비 · 7

그 때
그 추억
간절했나

새벽녘
요란하다
솔솔 내리치는
빗방울
창을 흔든다

천리길
넘고 넘어
무얼 찾아 왔을까?

꽃 나비
시샘하여
자랑 삼아 오는가……

## 강촌의 추억

1.
갈바람
향연속에
비둘기 훨훨날고

노을 빛
진한 향기
해맑은 들국화는

강촌의
영혼을 담은
님을 향한 꿈인가

2.
황혼 빛
춤사위에
추억은 꽃길인데

구름에
묻혀가는
얄미운 인연인가

아련한
장밋빛 정취
어느 별에 전할까.

## 술

1
이봐 한잔 할려
그래
뭔 일 있나.
아니 추억 땜에……

2
어야 한잔 마셔
좋지
뉘 때문에
글쎄 비가 와서……

3
자야 한잔 어때
먹자
숙이 왔어
그냥 취할려고……

# 金剛山

　　　　祖父 壽菴 韓文鳳 漢詩
　　　　　(朝鮮末期 韓醫師)

竹杖麻鞋履此山　頑聾世世不成還
惜時能寫空心腹　携酒復巡快腦顔
秋雨猿聲唵楚澤　曉鐘禪道別人間
莫休宇內多名勝　一覽金剛是等閑

# 금강산

　　　　조부 한문봉 한시. 의역 한현삼

마혜에 죽장짚고 풍악산 다달으니
황홀해 몇몇세월 귀가를 못하겠네

글로다 표현해도 심복이 공허하니
한잔술 곁들이면 영혼이 쾌하겠다

가을비 잔나비음 굴원의 초택인가
도량의 새벽정취 신선의 별천지네

우주에 명승지가 쉼없이 많다지만
한번본 금강산은 천하에 절경이다.

# 홍 경 자

| 갤러리를 순회하는 마음
| 나는 축복받은 사람
| 눈다식으로 하트를
| 동창 친구야
| 잘될 나무 떡잎부터

경기여고, 이화여자대학교 약학대 졸업. 약학박사. 월간 순수문학 등단. 한국순수문인협회 부회장. 국제PEN/이대동창문인회/한국여성문학인회 이사. 펜문학상/제26회 순수문학상 대상 수상. 시집 『꿈을 찾아 걸어가는 길』 외 다수

## 갤러리를 순회하는 마음

에드바르 뭉크: 「비욘드 더 스크림」이라는 전시제목
되살아나는 십오 년 전 기억
스크림 너머에 무엇이 있는지 발동하는 호기심

아름다운 비겔란 조각공원 검푸른 울타리 숲 너머
검붉은 석양을 덮친 시커먼 구름 그 격한 모습에
놀라고 무서워 소리지를 뻔했다 두 눈을 감았다
두 귀를 막고 있는 뭉크의 「절규」가 머리에 떠올랐다

"나는 깊은 불안감으로 고통을 겪어왔고
내 예술을 통해 그것을 표현하고자 했다"는 뭉크
"내 그림에는 약간의 햇빛과 흙먼지 그리고
비가 필요하다. 때로는 그것이 컬러를
더욱 조화롭게 한다."고 하였다

그가 필요하다는 햇빛과 흙먼지와 비는 무엇인가
작가가 토해내는 불안이나 고통을 떠안기 보다는
마음에 전해지는 기쁨과 에너지를 갈무리하고 싶다
주말에 갤러리를 순회하는 마음이다
부모 손잡고 온 아이들은 무엇을 느끼고 갔을까

## 나는 축복받은 사람

금수저도 흙수저도 아닌
자주 닦아야 하는 은수저를 물고 태어난
나는 축복받은 사람

기회가 주어지기 전
잡을 수 있는 지혜와 용기와 힘의 키움을 받는
나는 축복받은 사람

교만함과 배은망덕의 고개 바짝 쳐들다 뉘우치면
측은지심의 용서와 치유의 은혜를 받는
나는 축복받은 사람

좋은 사람들과 맺어지는 인연 덕분에
고해苦海라는 이 세상 순례길 즐겁게 걸으니
나는 축복받은 사람

고마워하는 마음 계속 키우고 나누고 갈무리하며
주님과 함께 카르페 디엠Carpe Diem 하려는
나는 축복받은 사람

## 눈다식으로 하트를

눈이 녹아 빗물이 된다는 우수雨水에 내린 눈

감사하며 머금은 나무들이 빤짝 빤짝
눈이 시리도록 온 동네가 새하얗다

다식판으로 다식을 찍어내듯
쌓인 눈 찍어내 만든 예쁜 눈다식이 모여
커다란 하트로 정원에 남겨졌다

자연을 사랑하며 더불어 즐기는
고운 마음에 감탄하며
내 마음에도 하트를 그려 고마운 마음 전한다

## 동창 친구야

80년 넘게 살아보니
세상살이가 그리 쉽지는 않더라
108번뇌가 있고 지고 가야 할 십자가도 있더라

형편없는 음식이라도 맛있게 먹어야
살이 되고 피가 되어
내 몸이 잘 유지되더라

맛있게 먹을 용기와 지혜는
본능을 뛰어넘는 신앙을 통해서 얻을 수 있고
상부상조相扶相助할 이웃들도 있어야 하겠더라

하나의 창을 통하여
세상을 보고 살아가는 지혜를 배운 친구야
이 귀한 동창이란 인연이 얼마나 고맙고 고마운지…


## 잘될 나무 떡잎부터

아파트의 출입구를 향한 길에서 만난
유모차를 끄는 엄마와 깡충거리는 딸
잘 걷는다는 칭찬에 '엄마' 라는 말 밖에 못한다

지팡이 짚고 비탈길이 힘들어 게걸음으로 내려가다
문득 뒤돌아보니
그 아이가 내 걸음을 흉내 내고 있다

낯선 모습에 호기심이 생겨 관찰하고
자신의 행동으로 재현해 보는 어린아이
아파트정원 연못에 잉어먹이 뿌리며 손뼉 치는 아이
잠자리채에 잉어가 안 들어온다고 짜증내는 아이

'잘될 나무 떡잎부터 알아본다.' 하던데
이 아이들의 미래는 어떠할까…

# 홍영숙

- 폭우와 천둥
- 석양과 달빛
- 매미 울음소리
- 목베고니아
- 대나무골 친구들

부산출생, 〈순수문학〉으로 시 등단
동국대학교문화예술대학원 문예창작과 석사 졸업
제22회 영랑문학상 본상 수상
시집 『그리운 날들의 노래』 『사랑의 시간』 외 공저 다수

## 폭우와 천둥

먹구름이 밀려오더니
빗소리 커지며 세차게 퍼붓는다
순간 우르릉 쾅 천둥소리
온난화로 세계적 기후 위기
극한 기상 현상들

지친 심신에 오전 내내 두세 번
낮잠을 자고난 후에야 떠지는 눈
일상이 오후로 밀린 날들

울적하고 나약해진 몸과 마음
올곧게 지키라고
천지를 진동하는 천둥소리가
쿵하고 심장에 꽂혔을까

## 석양과 달빛

고층아파트 사이 붉게 물든 석양
동그란 선홍색 아름다움에 홀려
넋을 잃고 바라보니 순간 사라진다

밤하늘 구름 속 희미한 달
돌아서려는 찰나 구름 속 헤치고

노란빛의 환한 보름달 미소 지으며
나를 향해 다가온다

노을빛에 물들던 소녀
침묵 속 달빛에 옛 추억에 잠긴다

## 매미 울음소리

여름의 전령사 매미
땅 속에서 십년 땅 위에서 한 달간
밤낮을 가리지 않고 세레나데를 부르며
치열하게 살다 생을 마감한다

매미울음소리는 수컷이다
말매미 여름 내내 일정한 소리 길게 큰 소리를 낸다
"쐐 ~~애애애애애~" "끼이이이이~~"
쓰름매미 "쓰-름 ~쓰-름" 우렁찬 소리
참매미 "미음 미음 미음 미음 메~" "맴-맴-맴~매애앰"
애매미 "르르르르르르르르르. 와아치. 르르르르 와아치"
"르르르르스피이" "피오츠츠츠스스…" 새소리로 들린다

매미는 장마에 잦은 비가 올 때

합창군무로 존재감을 소리친다
햇살에 젖은 날개 말리며 체온을 높여가며
최선을 다하는 삶을 일깨워주는 매미 소리

## 목베고니아

햇빛을 많이 받을수록
꽃이 핀다는 목베고니아

굵은 가지에 연한 연둣빛 새잎들 자라
갸름한 심장 모양의 잎 전체가 녹색이다
흰 얼룩점이 드문드문 점점 커지는 잎들
빛을 따라 정렬하며 뒷면의 잎맥은 붉다

땅에 떨어진 주황색 하트 숫꽃
하얀 작은 접시에 물 붓고 담아두면
연분홍색 로맨틱 사랑스러운 분위기
한 달간 생명을 유지한다

숫꽃이 폈다가 진자리에 암꽃이 나와
아래로 향하며 화려함을 과시한다
오렌지색 보석으로 치장하고
영화 속 무도회를 연상시키더니
무더위에 큰 잎들만 무성하다

## 대나무골 친구들

　매월 마지막 토요일 '행복연합군'이라 부르는 고교 동기모임
　이십오 년 지속에 십 년 넘도록 만남의 장소인 서초 대나무골
　연이어 나오는 음식들 다 먹을 정도로 길들여진 맛집이다
　식사 후 단골 카페로 옮겨 차 마시며 이야기꽃을 피운다
　단체사진 촬영과 포토존에 뽑힌 사진 '나이야 가라'다
　이런저런 이유로 서로 찻값을 내려하니 순번이 정해진다
　연 2회 회비입금 두 글자에 회장님 수고에 감사 글 주렁주렁

　　퇴임 전 절친 권유로 평일날 모임이라 회비만 내다
　　퇴임 후 토요일로 바뀌어 한 달 건너 빠지손이지만
　　만나면 반갑고 정 나누는 모습에 마음 환해진다
　　뜨개질한 수세미. 보온물병. 머플러. 손수 만든 면지갑
　　설날 돈 봉투로 홀로 된 친구들의 외로움 감싸기
　　인견 속옷으로 모든 친구에게 여름 더위를 식혀주기도 한다
　　손자 손녀 재롱 사진과 상장에 쏟아지는 축하 글

몸이 아프다면 걱정과 위로의 글들이 카톡을 도배한다.
복 많은 내게 친구 복까지 넘쳐 감사하고 행복하다.

순수시선 683

# 시작이 반이다, 다시 시작이다

2024년 10월 15일 초판
2024년 10월 24일 발행

지 은 이 · 필동인
편집주간 · 朴永河
발 행 처 · 순수문학사
등  록 제2-1572호

서울 중구 퇴계로48길 11, 협성빌딩 202호
TEL (02)2277-6637~8
FAX (02)2279-7995
E-mail : seonsookr@hanmail.net

· 저자와의 합의하에 인지를 생략함
· 잘못된 책은 바꾸어 드립니다

ISBN 979-11-91153-71-2

가격 15,000원